그냥, 떠나세요!

그냥, 떠나세요!

2010년 3월 31일 교회 인가
2010년 6월 10일 초판 1쇄 펴냄
2014년 8월 16일 초판 3쇄 펴냄

지은이 · 김 마리 명희
펴낸이 · 염수정
펴낸곳 · 가톨릭출판사
편집 겸 인쇄인 · 홍성학
디자인 · 정호진

본사 · 서울특별시 중구 중림로 27
지사 · 경기도 고양시 일산동구 노첨길 65
등록 · 1958. 1. 16. 제2-314호
전화 · 1544-1886(대)
      02-6365-1833(영업국)
지로번호 · 3000997

ISBN 978-89-321-1193-3 03230

값 10,000원

http://www.catholicbook.kr

인터넷 가톨릭서점 http://www.catholicbook.kr
직영 매장 : 명동대성당 (02)776-3601, 3602/ FAX (02)776-1019
          가톨릭회관 (02)777-2521/ FAX (02)777-2520
          서초동성당 (02)313-1886
          서울성모병원 (02)2258-6439, (02)534-1886/ FAX (02)392-9252
          분당요한성당 (031)707-4106
          절두산 (02)3141-1886/ FAX (02)3141-1886
          미주지사 (323)734-3383/ FAX (323)734-3380

가톨릭의 모든 도서와 성물을 '인터넷 가톨릭서점'에서 만나 보실 수 있습니다.

이 도서의 국립중앙도서관 출판시도서목록(CIP)은 e-CIP홈페이지(http://www.nl.go.kr/ecip)에서
이용하실 수 있습니다. (CIP제어번호:CIP2010002027)
이 책은 저작권법에 의해 보호를 받는 저작물이므로 무단 전재와 무단 복제를 금합니다.

이태리 수도원 체류기 | 김 마리 명희 지음

그냥, 떠나세요!

가톨릭출판사

 그냥, 떠나세요!

| 여정의 시작 | · · · 011 |

3월

산타 마리아 마조레 대성당	· · · 014
아! 아씨시	· · · 016
성 프란치스코 대성당	· · · 019
성 프란치스코의 지하 무덤	· · · 022
성녀 글라라 대성당과 그 주변의 성당	· · · 025
퀸타발레의 베르나르도의 옛집	· · · 026
산타 마리아 마조레 성당의 주변	· · · 028
라일리 신부님	· · · 032
한낮의 상념	· · · 034
천사들의 성모 마리아 대성당	· · · 035
지하 경당	· · · 038
베로니카 수녀님	· · · 039
카르체리 은둔소	· · · 041
성 다미아노 성당	· · · 043
짐을 꾸리며	· · · 046

4월

포콜라레 공동체	· · · 050
피사	· · · 054
산타 마리아 카르미네 성당	· · · 055
아일린과의 시내 관광	· · · 058

5월		
성 십자가 수도원	· · ·	062
칭케 테레 국립공원	· · ·	065
루치아나와 로잔나 할머니	· · ·	068
마음속의 명품	· · ·	071
파우스토 신부님	· · ·	073
로즈마리	· · ·	077
주방의 수녀님	· · ·	079
세례식	· · ·	083
양털 깎기	· · ·	087
밀라노 두오모(대성당)	· · ·	091
파티마의 성모님	· · ·	093
수도원과 일반 숙박 시설	· · ·	097
성 암브로시오 성당	· · ·	099
성 심플리치아노 성당	· · ·	102
성 로렌조 대성당	· · ·	107
코모 호수의 베네딕도 봉쇄 수도원	· · ·	108
비오는 날의 독서	· · ·	111
봉쇄 수도원에서의 묵상	· · ·	114
밀라노로 돌아오다	· · ·	119

 그냥, 떠나세요!

6월

스위스	... 122
소운 이한경 선생님	... 124
스위스 성당의 검소함	... 127
오랜만의 쇼핑과 음악 감상	... 129
로잔의 미술관	... 130
파이프 오르간 미사와 기도	... 133
생 모리스 순교자 대성당	... 136
성모님의 기적의 메달 성당	... 139
파리외방전교회 성당	... 141
생 제르맹 뒤프레 거리를 걸으며	... 144
성녀 마들렌 성당과 예수 성심 성당	... 147
파리에서 스위스로	... 148

7월

다시 이태리로 돌아오다	... 154
성 암브로시오 대성당	... 157
산타 브리지다 수도원	... 158
명품을 찾는 사람, 명품을 만드는 사람	... 162
오늘의 상념	... 164
망중한	... 168

천상에서 지상으로!	··· 169
산타 루치아	··· 172
구약의 하느님과 신약의 하느님	··· 174

8월

카스텔라마레	··· 178
마리아 마들렌 수도원	··· 181
묵주의 성모 성당	··· 182
소렌토의 성 프란치스코 성당	··· 185
미사 예물	··· 188
로마의 솔랑제 할머니	··· 190
프라테르나 도무스 수도원	··· 193
성 아우구스티노 대성당	··· 194
성 안토니오 성당	··· 199
성심 성당	··· 201

부록

수도원 주소록	··· 207
예약 편지 쓰는 법	··· 229

쳇바퀴 돌 듯 그날이 그날이던 일상을 과감히 뒤로하고,
방랑인으로 몇 개월 살아 보려고 결심했다.
이제부터는 지금까지 살아온 것과 전혀 다른 나날이
펼쳐질 것을 생각하니 긴장이 되면서도 기대가 되기도 했다.

여정의 시작

쳇바퀴 돌 듯 그날이 그날이던 일상을 과감히 뒤로하고, 방랑객으로 몇 개월 살아 보려고 결심한 나를 태운 비행기가 드디어 로마 공항에 도착했다. 이제부터는 지금까지 살아온 것과 전혀 다른 나날이 펼쳐질 것을 생각하니 긴장이 되면서도 기대가 되기도 했다. 시차 때문인지 혹은 긴 여행을 준비하느라 피곤했는지 도착 후 이틀은 비몽사몽간으로 지냈다.

그다음 날 저녁이 되어서야 '프란치스코 작은형제회'의 바오로 수사님과 함께, 미켈란젤로가 디자인했다는 '천사의 성모 마리아 성당(Santa Maria degli Angeli)'에서 열리는 파이프 오르간 독주회에 참석했다. 그곳의 오르간은 내가 지금까지 본 오르간 중에서 가장 컸다. 명동성당 3개를 합친 것만큼이나 큰 대성당에서 울려 퍼지는 파이프 오르간 연주! 나무와 스테인리스 파이프에서 울리는, 70여 개의 제 각각 다른 음들이 합쳐진 소리는 그야말로 장엄한 교향곡과 같았다. 종교 음악을 공부하는 수사님의 설명을 들으며 특별한 시간을 즐길 수 있었던 것은 행운이었다.

3월

아씨시 역에 당도하니,
중세 도시 같은 광경이 산언덕에 펼쳐졌다.
돌집, 돌담, 밤색 수도복에 꼰 허리띠와 슬리퍼 차림의
수도자들과 수녀님들을 보며,
순간 중세 시대로 돌아간 것 같은 착각에 빠졌다.

산타 마리아 마조레 대성당

'산타 마리아 마조레 대성당(Basilica di Santa Maria Maggiore)'에서 주일 미사를 드렸다. 4세기 때 지은 이 성당은 로마에서 네 번째로 크고, 성모 마리아께 봉헌된 성당 중에서는 가장 크다. 성당 안에는 로마 신전에서 옮겨 왔다는 기둥이 36개나 있었으며, 벽면과 천장에는 성경 내용을 담은 그림들이 가득했다.

십자가와 성경을 들고 신부님들과 주교님들이 입장했다. 그 긴 입장 행렬은 마치 초등학교 때 보았던, 혜화동 대신학교 앞마당에서 매년 거행되었던 '성체대회'를 떠오르게 했다. 내가 짐을 풀어 놓은 수도원에서 가장 가까운 성당이라 미사를 드리러 온 것 뿐인데 이 여행의 첫 주일 미사를 로마의 4대 성당 중 하나인 이 주교좌 성당에서 이렇게 대미사로 드리게 되다니!

미사는 라틴어로 진행되었다. "도미누스 보비스쿰, 엣 꿈 스삐리뚜 두오……" 얼마 만에 드려 보는 라틴어 미사인가!

어렸을 때는 미사가 라틴어로 진행되었기 때문에 무슨 뜻인지도 모르면서 라틴어 미사 전례를 모두 외웠었는

산타마리아 마조레 대성당 박물관 천장 / 대성당 외부 / 주일미사장면

데……. 이 시간, 기억 속의 언어들이 정겹게 되살아나서 가슴이 벅차 올랐다.

어디선가 들려 오는 남성 합창단의 그레고리오 성가는 천상의 소리 같았다. 전례 진행자도 놀라울 정도로 노래를 잘했다. 참! 이곳은 로마, 성악가들의 도시가 아닌가! 주일마다 이런 장엄 미사를 드리는 이곳 신자들이 부러웠다.

이날을 주신 주님께 감사드리며 웅장한 대성당에서 주님의 영광을 찬미했다. 이곳에 오기 위해 준비하느라 많이 힘들었던 지난 몇 달 동안의 피로가 모두 풀리는 순간이었다.

아! 아씨시

Oh! Assisi

로마에서 기차를 타고 두 시간쯤 달리니 아씨시 역에 당도했다. 역을 나와 마을 앞에 서니, 타임머신을 타고 몇 세기 전으로 되돌아간 듯, 중세 도시 같은 광경이 산언덕에 펼쳐졌다. 돌집, 돌담, 그리고 밤색 수도복에 두꺼운 흰색 끈으로 꼰 허리띠와 슬리퍼 차림의 프란치스코 수도회 수도

내가 묵은 아씨시의 '성 안드레아 수도원' 앞마당

자들과 수녀님들을 보며, 순간 중세 시대로 돌아간 것 같은 착각에 빠졌다. 언덕으로 올라가니 내가 묵을 수도원이 보인다. 바로 '성 안드레아 수도원(아기 예수의 프란치스칸 선교 수도회 : Monastero S. Andrea/Francescane Miss. di Gesu Bambino)'이다.

이 수도원은 아씨시에 있는 20여 개의 수도원 중 '성 프란치스코 대성당'과 가장 가깝고, 조용한 곳이다. 햇빛이 가득한 언덕 위에 있는 수도원에 들어서니 앞마당에 아름답게 핀 색색의 튤립과 초록빛 나무들이 나를 맞이했다.

주님께서 "햇빛, 햇빛 하는 마리아야, 햇볕 실컷 쬐고 건강하게 여정을 시작하거라." 하고 말씀하시는 것 같았다. 한눈에 들어오는 탁 트인 전경과 꽃들, 수도원 담 너머로 보이는 성 프란치스코 대성당, 더욱이 프란치스코 성인께서 바로 그곳에 누워 계신다고 하니, 얼마나 기쁘고 행복했는지! 사순절에 정말 큰 은총을 받았다. 감사, 또 감사!!!

Basilica di S. Francesco

성 프란치스코 대성당

'성 프란치스코 대성당'은 2층으로 되어 있는데 아래층은 1228년~1230년에 지었고 위층은 1230년~1253년에 지었다고 한다.

넓은 잔디밭을 지나 위층 대성당의 문을 열고 들어서니, 웅장한 성당 안의 벽과 입구에는 지오토가 그린 프란치스코 성인의 생애에 대한 28점의 프레스코 벽화가 가득했다.

여행을 떠나오기 전 성 보나벤투라가 쓴 성 프란치스코의 생애를 담은 전기를 비롯하여 프란치스코 성인에 관한 책을 몇 권 읽었던 나는 감격에 겨워 그림들을 둘러보았다. 28점의 그림 중 역시 가장 유명한 그림은 입구 위쪽에 있는 〈작은 새에게 설교하는 성 프란치스코〉였다. 이 그림은 다른 그림과 달리 주로 하늘색과 청색으로 그려져 눈에 띄었으며 우아하면서도 성인의 표정과 손에 생동감이 느껴졌다.

아래층 성당은 위층 성당보다 천장이 낮고 장엄하며 13세기~14세기의 유명한 화가들의 그림들로 빈틈없이 장식되어 있었다.

그리스도의 고통을 온몸으로 아파하고, 그리스도를 온몸으로 사랑했으며, 그리스도의 길을 그대로 따랐던 분, 그래서 성 프란치스코를 인류 역사상 '그리스도와 가장 닮은 분'으로 일컫는 것이다. 사진 촬영이 금지되어 있어 성당 안을 담아올 수 없어서 안타까웠다.

밤 9시, 성 프란치스코 대성당에서 미국의 사우스 캐롤라이나 주(S.Carolina)에서 온 합창단이 공연을 했다. 'Amazing grace, how sweet your sound(놀라운 은총이여, 얼마나 감미로운 소리인가)….' 그 어느 때보다도 절절히 가사가 마음에 젖어든다. 듣는 나도 이렇게 좋은데, 이 세계적인 대성당에서 노래를 부르고 있는 저 단원들은 얼마나 감격스러울까!

중학교 때부터 성가대 활동을 시작해서 대학 시절에는 명동성당 가톨릭 합창단에서 활동했던 나이기에 단원들의 행복한 마음을 충분히 알 것 같다.

성 프란치스코 대성당 전경

The underground tomb of St. Francisco

성 프란치스코의 지하 무덤

아침을 먹고 프란치스코 유해가 모셔진 '성 프란치스코 대성당'의 지하 무덤에서 거행된 아침 9시 미사에 참례했다. 여섯 명이 참례한 미사는 영어로 진행되었다.

'지난 2년간 바라던 일이 이루어지지 않더니, 당신께서 원하신 것이 바로 오늘 이 자리에 제가 서 있는 것이었군요.

성인이시여! 먼저, 저를 당신의 프란치스코 작은형제회 형제들과 만나게 하시고, 그분들을 통하여 당신에 관한 책들을 읽게 하셔서 당신과 친숙하게 하신 후에, 오늘 이 자리로 저를 이끄셨군요. 이 세상 주님을 믿는 모든 이들이 이곳 아씨시에 와서 당신의 유해 앞에 무릎을 꿇기를 바랍니다.

당신은 그리스도의 수난을 체험하기 위해서 형제들에게 군중들 앞에서 당신을 비난하라고 하셨고, 당신보다 더욱 비천한 사람이 없기에 그리스도께서 당신을 선택하셨다고 말씀하신 분, 또, '이 세상에서 아무리 무례한 사람이라도 내가 받은 은총을 받았더라면 그는 성덕에 있어 나보다 백 걸음이나 앞섰을 것입니다.'(《가난한 이의 슬기》, 분도 출판사, 65쪽)라고 하신 분이십니다.

나는 다시 성인의 돌무덤에 쓰인 "San Francesco 1182-1226"을 올려다보며 맨발로 서 있는, 작은 그분을 그려 보았다.

미사를 드리고 나오는데 한국인 수녀님 한 분을 만났다. 한국에서 성지 순례를 온 그룹의 한국어 미사가 곧 있다고 하기에 반가운 마음으로 다시 자리에 앉아서 기다렸다.

미사가 시작되자 한국에서 온 신부님이 오늘 미사 예물 봉헌을 한 40명 모두의 이름과 지향을 말했다. 미사 지향이 모두 "……의 가정을 위해서……"였다. 미국과 유럽 성지 순례단의 미사와 비교가 되었다.

오늘은 또 어떤 좋은 하루가 될까? 기대가 된다.

수도원에서 내려다 보이는 프란치스코 대성당

성녀 글라라 성당 / 성 루피노 주교좌성당 / 성 베드로성당(제대)

Basilica de Santa Chiara

성녀 글라라 대성당과 그 주변의 성당

오늘은 성당을 세 군데나 다녀왔다. '성녀 글라라 대성당'은 흰색과 핑크색 대리석으로 장식한, 고딕 양식과 로마 양식이 섞인 우아하고 웅장한 성당이다. 프란치스코 성인의 충실한 제자이며, 프란치스코 성인과 영성적 나눔을 가졌던 성녀 글라라에게 봉헌된 이 성당의 지하실에 있는 자그마한 박물관에는 성녀의 유해가 모셔져 있다. 또한 그분이 입었던 옷뿐만 아니라 프란치스코 성인의 낡은 옷과 신발 등의 유품도 전시되어 있다. 문득, 한국 성철 스님의 다 해진 낡은 옷이 생각났다. "완벽한 선(善)을 지향하는 모든 종교는 동반자이다."라고 말한 시튼 연구원 김승혜 수녀님의 말씀도 떠올랐다.

'성 루피노 주교좌 성당'은 아씨시에서 가장 오래된 성당으로, 프란치스코 성인과 성녀 글라라가 세례를 받은 곳이다. 성 프란치스코는 이 성당 앞, 루피노 광장에서 설교를 했다고 한다. 성당 정면에 보이는 세 개의 장미창이 인상적인 이 성당은 1140년 로마네스크 양식으로 지어졌으며, 내부는 16세기에 개조되었다고 한다. 아씨시의 첫 주교였던 성 루피노는 238년 순교했으며, 10세기부터 이 성당에 성인의 유해를 모시게 되었다.

'성 베드로 성당'은 프란치스코 성인 생존 당시의 성당들의 고유한 분위기를 가장 잘 보존하고 있다. 고요하고 균형이 잡혀 있으며, 장엄하고 깊숙한 운둔소 같은 느낌이 든다.

07

Bernardus Quintavallis
퀸타발레의 베르나르도의 옛집

어제저녁에는 비바람과 천둥, 번개가 요란하더니, 오늘 아침에는 화창하고 구름 한 점 없는 파란 하늘이 나를 맞이했다.

성 프란치스코의 최초의 동료였던 베르나르도의 옛집(주소: Via S. Gregorio 11a)은 오랜 세월 이끼 낀 돌층계를 지나 구불구불하고 좁은 골목에 있어 여러 번 길을 물어서야 겨우 찾을 수 있었다. 아씨시의 귀족인 성 베르나르도의 집은 품위가 있고, 집앞 골목은 다른 골목에 비해 넓은 편이다.

1209년 4월 성 프란치스코를 초대한 다음 날 아침에 성

베르나르도는 프란치스코 성인의 뜻을 따라 가진 것을 모두 팔아 가난한 이들에게 나누어 주고 성인을 따랐다. 성 베르나르도의 유해는 성 프란치스코 대성당 아래층 지하 성당에 모셔져 있다.

프란치스코 성인이 이 집에 묵던 날 밤, 성 베르나르도는 프란치스코 성인이 어떻게 기도하는지 궁금해서 몰래 엿보았다. 성인은 그저 "오 하느님, 오 나의 하느님!"이라고만 되풀이하며 주님을 찬미했다고 한다.

성 베르나르도의 집

08 산타 마리아 마조레 성당의 주변
around Santa Maria Maggiore

　로마네스크 양식으로 지은 '산타 마리아 마조레 성당'은 아씨시의 첫 주교좌 성당이며 그 옆 주교관(Vescovado)은 유네스코 세계 문화 유산으로 등록되어 있다. 단아하면서도 품위 있는 건물인데, 주교관 마당 한가운데에는 프란치스코 성인의 청동상이 서 있다. 이 청동상은 성 프란치스코 탄생 700주년을 맞아 1881년에 만들었다는데 느낌이 특별했다. 1207년 초, 25세였던 성인은 이 주교관에서 부모님과 결별하고 굽비오로 떠났지만, 선종(1226년 10월 3일)을 몇 달 앞두고 얼마 동안 잠시 이 주교관에 머물렀다고 한다.

　주교관 근처의 조그만 골목길에 프란치스코 성인의 출생지인 조그만 경당(Oratorio di San Francesco Piccolino)이 있는데, 돌로 지은 집 안에 아주 조그맣고 예쁜 제대와 십자가상이 놓여 있다.

　근처에는 또 '누오바 성당(Chiesa Nuova)'이 있다. 이 성당의 터는 프란치스코 성인의 가족이 살았던 곳인데 1615년에 성당을 건축했다고 한다. 앞마당에 사람 크기 만한 프란치스코 성인의 부모님 동상이 서 있다.

골목길을 지나 언덕으로 올라가니 아름다운 아씨시 마을이 내려다보이는 언덕 왼편에 자그마한 '성 스테파노 성당'이 보였다. 아씨시 성당 중 제일 한적한 골목길에 있는 아주 매력적인 성당으로, 13세기에 지었는데도 거의 그대로 보존되어 있다. 지붕 위의 작은 종각과 종각 안에 달린 종 두 개도 그대로 남아 있고, 성당 내부도 거의 예전 모습 그대로 보존되어 있었다. 아무도 없는 단아하고 우아한 옛 성당에 앉아서, 눈을 감고 마음의 모든 짐을 내려놓고 잠시 쉬었다.

주교관 입구와 산타 마리아 마조레 성당

주교관 안, 프란치스코 성인의 청동상
프란치스코 성인이 태어난 곳(내부)
프란치스코 성인이 태어난 곳(외부)

누오바 성당
성 스테파노 성당의 종각

Father Reiley
라일리 신부님

오늘은 햇살이 싱그러운 일요일이다. 정오가 되니 성당마다 종을 쳐서 각기 다른 종소리가 아씨시 전체에 울려 퍼진다. 재빨리 창문 밖으로 머리를 내밀고 성당들의 지붕 꼭대기에 있는 종각에서 좌우로, 또는 앞뒤로 흔들리는 크고 작은 종들을 바라보았다. 내가 묵고 있는 수도원이 언덕 위에 있어서 종각들을 내려다볼 수 있다. 종 모양도 제각기이고, 종소리도 조금씩 다르다. 세상 어느 곳에서도 볼 수 없는 광경이 아닐까!

어제 미국의 보스턴에서 한 신부님이 왔다. 그 신부님도 이태리어를 못해서 나와는 영어로만 얘기했다. 수녀님들의 배려로 신부님과 같은 식탁에 앉게 되었다. 식사 때마다 언어에 대한 부담 없이 편안하게 대화를 나누다 보니 신부님과 나는 금방 친해졌다.

56세인 라일리 신부님은 사제가 되기 전에는 고등학교에서 수학과 물리학을 가르치는 교사였다. 가톨릭 집안에서 자랐는데, 부모님이 이혼하자 하느님을 원망하여 5년 가까이 성당에 나가지 않았다. 그런데 대학 시절 창문 밖을 내다보다가, 문득 무슨 일을 하든 하느님을 위한 일이 아니면 아무 의미가 없다는 생각이 들었다고 한다. 그래서 무조건 고해성사부터 봐야겠다고 생각한 신부님은 고해성사를 보고는, 박사학위를 1년 남겨 놓은 채, 사제가 되었다고 한다. 신부님은 성 프란치스코와 성 보나벤투라, 성 토마스 아퀴나스의 영성에 대하여 말했다.

이태리어를 못해서 앞으로의 여정이 걱정된다고 했더니, 주님의 도움으로 순례를 무사히 마치고 건강하게 돌아갈 수 있을 것이며, 인간은 현 상황에 만족하지 않고 끊임없이 도전(challenge)하며 살아야 고귀한 정신(high spirit)을 지닐 수가 있다며 격려해 주었다.

과학도에서 신부님이 된 분, 눈이 유난히 빛났던 신부님, 그분과 대화를 나눌 수 있어서 정말 감사했다. 내 순례의 첫 걸음인 아씨시에서 주님의 사도인 신부님으로부터 격려를 받으니 힘이 솟는 것 같고 행복했다.

한낮의 상념
Day Dreaming

 라일리 신부님이 어제 떠났다. 신부님은 A4 용지 만한 성모님 사진을 선물로 주었다. 사진 뒷면에 주소와 전화번호를 써 주면서 보스턴에 오게 되면 꼭 들르라고 했다. 신부님은 또한 성직자들에게 '하느님 안에서 평신도와 함께하는 좋은 인간관계'가 얼마나 중요한지를 언급하시며, 그렇지 않으면 성직자들이 삶의 스트레스를 견디기 힘들거라고 했다.

 요즘 수도원에서 편안한 나날을 보내고 있어서인지 정신이 좀 해이해진 것 같아 지난밤 《가난한 이의 슬기》를 꺼내 읽었다. 프란치스코 성인은 마음이 여리고 잔 꽃송이 같은 분이라 영혼이 고통스러우면 육체적으로도 고통이 심했다고 한다. 나도 스트레스가 심하면 금방 몸이 아프게 된다. 책의 내용 중 프란치스코 성인이 흐느껴 울었다는 대목에서는 나도 눈물이 났다.

 아일랜드에서 리처드 신부님이 왔다. 이 수도원에는 일반 평신도보다는 성직자나 수도자들이 주로 묵는데, 연로한 사제들이 많이 온다. 평신도든 수도자든, 건강하고 젊을 때에는 진정으로 하느님을 마음에 모시기 힘들지 않을까. 젊음이 다 지나가고 육체적으로 불편해지거나, 아니면 태어날 때부터 장애를 안고 있는 이들이 주님께 더욱 의지하고 영적으로 깊이 있게 되는 것은 아닐까.

어제 한국인인 '마리아의 전교자 프란치스코 수녀회'의 베로니카 수녀님이 다음 행선지들에 대해 많은 도움을 주었다. 그분의 도움이 없었으면 일정에 대한 스트레스가 얼마나 더 컸을까! 오늘은 또 어떤 하루가 펼쳐질지 기대가 된다.

11 천사들의 성모 마리아 대성당
Basilica di Santa Marie degli Angeli

아씨시 중심부에서 5킬로미터 떨어진 아씨시 역 근방에 있는 '천사들의 성모 마리아 대성당(Basilica di Santa Maria degli Angeli)'을 찾아갔다. 576년에 베네딕토 성인이 이곳에 수도원을 세웠는데, 그 이후 버려져 있던 것을 프란치스코 수도회에서 인수했다고 한다. 웅장한 돔과 성당은 1569년~1679년에 건축되었다고 하는데, 특이하게 대성당 한가운데에 자그마한 옛 '포르치운쿨라 성당'이 있다. 큰 성당 속에 아주 작은 성당이 또 있는 것이다. 이 포르치운쿨라 성당은 대성당에서 가장 중요한 곳이다. 이곳은 프란치스코 성인의 첫 번째 수도원인 동시에 성인이 거처하고 생활했으며, 1211년 글라라 성녀가 프란치스코 성인으로부터 입회 예식을 받았던 아주 중요한 장소이다. 성인은 이곳에서 선종했다. 성당 내부 사진 촬영이 금지되어 있어 안타까웠다.

기도하던 프란치스코 성인이 마귀의 유혹을 받자 덤불에서 알몸으로 뒹굴었는데, 덤불이 가시가 없는 장미 덤불로 변했다는 장미 정원(rosette)이 오른쪽 복도 옆에 있다. 그리고 그 옆에는 프란치스코가 움막에서 밤 새워 기도했다는 장미 경당이 있는데, 프란치스코 성인은 여기서 성 안토니오와 우골리노 추기경을 만났다고 한다. 성 프란치스코의 선종 후인 1229년, 레오 형제의 인도하에 여러 형제들이 이곳 포르치운쿨라에 거처했다. 옆에 있는 박물관에는 성 프란치스코와 형제들의 유물이 전시되어 있다.

천사들의 성모 마리아 대성당

Underground chapel
지하 경당

프란치스코 성인을 따랐던 옛 형제들이 생활한 곳이 대성당 지하에 있는데 일반인은 못 들어가게 되어 있었다. 하지만 그곳이 꼭 보고 싶었다. 이런 경우에 떠올리는 격언이 있다. "예외 없는 법칙은 없다(There is no rule but has some exceptions)." 나는 성당 안에서 관광객들에게 성당에 대해 설명해 주는 프란치스코 수도회 수사님들 가운데 제일 마음씨가 좋아 보이는 수사님에게 다가갔다. 그러고는 서투른 이태리어로, 멀리서 왔는데 지하 경당을 꼭 보고 싶다고 했다. 마침 다른 도시에서 학생들을 데리고 견학 온 여교사에게 통역을 부탁하며 간곡한 내 마음을 수사님에게 전해 달라고 했다. 마침내, 특별히 허가를 받아, 혹시나 하는 기대감으로 나를 지켜보던 프랑스 부부와 미국인 두 명 그리고 나, 이렇게 다섯 명이 함께 수사님 인도하에 지하 경당에 들어가는 행운을 얻었다.

지하 경당의 제대 앞에 있는 예수님의 목각상이 인상적이었다. 이것은 여러 조각가가 함께 만든 작품이라고 했다. 얼굴은 그냥 형태만 있고, 두 팔은 10미터나 될 정도로, 아주 기형적으로 길었다(얼굴과 두 팔만 있는 예수상이다). 얼굴은 각자 자기 나름대로의 예수님을 상상하게끔 하기 위해서 그리지 않았고, 많은 것을 안을 수 있도록 하기 위해 팔을 길게 했다고 수사님이 설명해 주었다. 성 프란치스코 형제들의 옛 거처에서 당시의 돌들을 만지며, 나는 1200년대의 그들과 '조우'했다.

Sister Veronica
베로니카 수녀님

천사들의 성모 마리아 대성당 근처에 '마리아의 전교자 프란치스코 수녀회(Franciscan Missionaries of Mary)' 수도원이 있다. 웬만한 축구장보다 훨씬 넓은 수도원 앞마당에는 잔디밭과 올리브나무, 각양각색의 꽃들이 있었고, 마당 한편에는 수녀님이 기르는 오리와 닭, 비둘기 등을 위한 막사가 있었다. 로마의 프란치스코 작은형제회 수사님을 통해 알게 된 베로니카 수녀님이 있는 곳이다.

베로니카 수녀님은 천사들의 성모 마리아 대성당 안내를 비롯하여 아씨시에 묵는 동안 많은 도움을 준 분이다. 수녀님의 도움으로 앞으로 2개월 후까지 예약된 기차표 전부를 아씨시 역에서 사고, 매점에서는 핸드폰을 위한 입금도 했다(이곳은 우리나라와는 달리 핸드폰 비용을 미리 지불하고 핸드폰의 칩에 돈을 저장한 후에 핸드폰을 쓸 수 있게 되어 있다). 그리고 무엇보다도 고마웠던 것은 한글로 급한 이메일을 보낸 것이었다.

수녀님과 얘기하면서 많은 공통점을 발견한 우리는 말할 때마다 수시로 "저도 그래요."를 연발하며 함께 깔깔대고 웃었다. 만난 지 며칠 안 되었는데도 불구하고 몇 십 년을 사귄 친구 같은 마음이 들었다. 아는 사람 하나도 없는 이곳 이태리에서 이렇게 한국말을 잘 하는 수녀님을, 그것도 첫 여행지인 아씨시에서 만나 얼마나 감사한지.

베로니카 수녀님이 로마의 프란치스코 수도회 수사님에게 "마리아 선생님과 나는 비슷한 면이 참 많다."라고 했더니 수사님이 의아해 하며 어떤 점이 비슷하냐고 물었다. "바보 같은 것이 비슷해요."라고 하니까 더욱 의아해 하기에, 수녀님은 "그게 바로 프란치스코 영성이잖아요."라고 대답했다고 한다.

수녀님과 나는 주님이 주신 천성과 기질이 정말 비슷했다. 평생을 하느님만을 받들며 살아온, 존경하는 수녀님이 나와 비슷하다고 하니 얼마나 영광스러웠는지…….

Eremo delle Carceri

카르체리 은둔소

프란치스코 성인의 은신처였던 '카르체리 은둔소'는 아씨시 중심부에서 4킬로미터 떨어진 수바시오 산속에 있다. 혼자 가는 것이 좀 부담스러웠는데 마침 '성 프란치스코 대성당' 앞에서 한국인 여자를 만나게 되어 같이 택시를 타고 갔다.

이 은둔소는 해발 791미터 산속에 있는 돌집으로, 성 프란치스코와 그의 형제들이 조용히 기도하려고 일 년에 몇 번씩 들렀던 기도소이다. 작은 돌침대, 머리를 수그려야 할 만큼 좁고 작은 동굴 입구, 무릎을 간신히 꿇을 수 있는 작은 가대를 보니 그 옛날 프란치스코 성인과 그의 형제들의 삶이 그려졌다. 아씨시에 온 후, 가장 큰 감동을 느낀 곳, '작은 형제'라는 말이 정말 절절히 느껴지는 이곳을 떠나고 싶지 않았다. 성 프란치스코의 '가난함, 단순함, 작음'을 바로 이곳이 보여 주는 것 같았다.

산속의 은둔소, 이 작은 동굴에서 아씨시의 그 어느 곳보다 프란치스코 성인을 더 많이 생각하고, 프란치스코 영성을 더욱더 많이 느꼈다.

카르체리 은둔소 / 카르체리 은둔소 내 십자가 / 프란치스코 성인이 기도하고 생활한 처소 입구

산을 내려 올 때는 동행했던 여자와 아름다운 풍광을 즐기며 천천히 내려 왔다. 성 프란치스코 대성당을 안내해 주고, 피자도 함께 먹으며 무신론자라는 그녀와 종교에 대한 이야기를 나누었다. 그녀가 하느님을 알게 되기를 간구하며 그녀에게 "당신이 하느님을 믿든, 안 믿든, 알든 모르든 그분은 이미 당신을 지켜보고 계시고, 사랑하신다."라고 했다.

San Damiano

성 다미아노 성당

아씨시에 온 후 처음으로 억수같이 비가 쏟아졌다. 어제 수바시오 산의 '카르체리 은둔소'를 다녀온 것이 얼마나 감사하고 다행스러운지. 오늘 이곳 수도원에 20명의 젊은 프란치스코 수도회 수녀님이 도착했다. 젊은 수녀님들이 식사 때마다 기타를 치며 '알렐루야'를 노래하니, 수도원이 갑자기 활기차고 젊은 기운으로 넘쳤다.

오후 늦게 아씨시에서 1.5킬로미터 떨어진 곳에 있는 '성 다미아노 성당'을 찾았다. 길 양쪽으로 아름다운 산과 짙은 초록빛의 올리브나무들이 있는 들판을 지나니 아담하고 우아한 성 다미아노 성당이 자리하고 있다.

늘 내 곁에 두고 수시로 들춰 보는 애장서인 《가난한 이의 슬기》에서 자주 언급되고 있는 성 다미아노 성당을 직접 오게 되어 참으로 감개무량하다.

원래 9세기~10세기에 건축된 이 성당은 초라하게 버려져 있었다. 그런데 1206년 초 프란치스코 성인이 이곳에서 십자가에 매달리신 그리스도의 음성을 듣고는 2년에 걸쳐 복구했다고 한다. 또한 성당 마당에는 프란치스코 성인이 성당을 수리하는 모습을 조각한 청동 조각이 있다.

프란치스코 성인은 돌아가시기 1년 전, 눈병 치료 차 이곳에 머무르면서 '태양의 찬가'의 일부인 '피조물의 노래'를 썼다. 성당 출입구 쪽에 있는 큰 십자가 앞에서 프란치스코 성인은, "지극히 높으시고 영광스러운 하느님이시여, 내 마음의 어두움을 밝혀 주소서, 주여, 당신의 거룩하고, 진실한 뜻을 실행하도록 올바른 신앙과 확고한 희망과 완전한 사랑을 주시며, 지각과 인식을 주소서, 아멘."이라고 기도했다고 한다.(《재속프란치스코회 지침서》, 재속프란치스코 한국 국가형제회 발행, 671쪽)

2층에는 성녀 글라라가 화초를 가꾸던 아담한 정원과 성

성 다미아노 성당의 안뜰

녀 글라라 경당이 있으며, 수도회 자매들이 사용했던 침실이 있다. 글라라 성녀는 1212년부터 선종할 때까지 이 수도원에서 자매들과 수도 생활을 했으며, 성녀가 1253년 8월 11일 죽음을 맞이한 곳에는 나무 십자가가 놓여 있다.

1층 성당 옆에 있는, 글라라 자매들이 성무일도를 바친 가대(coretto)는 아주 작고 다듬어지지 않은 나무로 만들어 소박해 보인다. 2층 침대로 올라가는 좁고 가파른 계단도, 곳곳에서 오로지 주님만을 섬기며 가난한 수도 생활을 한 성녀의 체취를 느끼게 했다.

고통 중의 프란치스코 성인이 성 다미아노 성당에 묵으며 글라라 성녀에게 조언을 구했던 일을 시작으로 두 성인을 마음속에 그려 보며 한참을 성당에 머물렀다.

Packing for moving
짐을 꾸리며

내일이면 이곳 아씨시를 떠난다. 60을 바라보는 나이에, 내 삶의 굴레에서 벗어나 휴식을 갖겠다고 짐을 메고, 끌고, 떠나온 지 3주일이 지났다.

세계적 성지인 이곳 아씨시를, 프란치스코 성인의 발자취를 느끼며 많이 기도하고 묵상하면서 좋은 에너지를 충전하고 본격적으로 여행을 시작하고자 이곳을 첫 순례지로 정했는데, 기대한 것보다 더욱 평화롭고 행복한 나날을 보냈다.

주는 대로 먹고, 발길이 닿는 대로 걷다가 성당이 있으면 들어가서 묵상하고, 사진을 찍었다. 도시 전체의 건물들이 온통 중세 시대에 지은 것들이어서 중세 사람이 된 것 같은 마음으로 거닐었다. 아는 사람 하나 없고, 말이 통하지 않아 가끔 불편하기도 했지만 가톨릭 성지여서인지 마음은 편했다.

인터넷을 사용하지 않으면 큰일 날 것같이 살아왔는데, 이곳 사람들은 그러한 문명의 이기들을 도외시하고도 별 탈 없이 잘 살아가고 있다. 그뿐만 아니라 관광객, 순례자들도 컴퓨터를 쓰는 모습을 볼 수가 없다. 노트북을 가져오려 했는데, 그러지 않은 것이 얼마나 다행스러운지.

사고 싶은 예쁜 성물들이 너무 많았으나 꾹 참고 사지 않았다. 쇼핑을 별로 좋아하는 편은 아니지만, 이곳 아씨시에는 이곳 특유의 십자가와 그림, 묵주 등이 많아서 사고 싶은 것도 많았다. 떠나올 때, 짐을 줄이고 줄여도 세 꾸러미나 되었는데……. 여행을 하면서 짐이 더 늘지 않아 다행이고, 사고 싶은 마음을 잘 참아 낸 내가 대견스럽다.

4월

아름다운 자연환경 속에서 같은 뜻, 일치의 정신으로 사는 사람들은
하나같이 미소짓고 있었고, 만나는 이들마다 상냥하게
"챠오(ciao: '안녕'이라는 인사)" 하며 인사를 건넸다.
이곳에서 일주일을 머무는 동안,
우울한 얼굴을 하고 있는 사람은 보지 못했다.
모두들 행복한 얼굴을 하고 있었다.

17 포콜라레 공동체 *Focolare*

아씨시를 떠나 다음 목적지인 '포콜라레 공동체(Focolare)'를 향하여 기차를 탔다. 피렌체를 거쳐 조그만 마을인 인치사(incisa) 역에 내렸다.

인치사 역에 내리니 포콜라레 공동체에서 한 분이 마중 나와 기다리고 있었다. 그분의 자동차에 짐을 싣고 15분가량 달려 포콜라레 공동체가 있는 로피아노(Loppiano) 마을에 다다랐다. 공동체 안 넓은 들판에 핀, 봄햇살을 맞고 있는 노란색과 흰색의 들꽃들이 환상적이었다.

'포콜라레'란 'fire place(벽난로)'라는 뜻이다. 예수님께서 수난을 당하시기 전 "이 사람들이 하나가 되게 해 주소서"라고 성부께 기도한, '하느님 안에서의 일치'를 형제 안에서의 사랑을 통해 구현하는 것이 포콜라레 운동의 이상이며 목표라고 한다.

이 운동은 1943년 제2차 세계 대전 중에 키아라 루빅(Chiara Lubick) 여사에 의해 시작되었는데, 그녀는 현존하는 하느님 안에서의 일치를 구현하기를 바랐다. 루빅 여사는 브라질의 수도인 리오데 자네이루에서, 화려한 빌딩들 바

포콜라레 공동체 성당 내부 / 공동체에 핀 들꽃

로 뒤에 있는, 너무도 처참하고 가난한 이들의 지역을 돌아보며 '버림받은 예수'를 떠올렸다고 한다.

지금 이곳 로피아노에는 17개국에서 온 약 900명의 사람들이 거주하고 있다. 여기에는 ① 자신의 삶을 하느님께 봉헌한, 소그룹 공동체(6명~7명씩)에 사는 사람들과 ② '젠(Gen, New Generation)'이라는, 새 세대의 약자로 '일치를 위한 젊은이의 운동'을 벌이고 있는 청소년들이 있으며, ③ 이 '일치의 정신'에 따라 1년 내지 2년 동안 생활해 보고자 이 공동체로 이주해서 살고 있는 가족 단위 공동체들이 있다.

우리나라의 서울·대전·대구·전주교구가 이 공동체와 연계하고 있다고 한다. 그래서인지 매일 미사 때마다 한국 신부님들을 만날 수 있었다.

자신의 삶을 하느님께 봉헌하려는 마음으로 이곳에서 공부하고 있는 젊은 한국인 여성들도 몇 명 있었다. 그들은 서울 신당동에 있는 포콜라레 한국지부인 '마리아사업회'에서 일정 기간 수련을 끝내고 2년간 공부를 하러 온 수련생들로서 공부가 끝나면 미지의 국가인 새 부임지로 떠나게 된다고 했다. 이곳 로피아노를 중심으로 전 세계 30군데에 포콜라레 공동체가 있다.

이곳에서는 오전에는 공부하고, 오후에는 각자의 능력

과 취미에 따라 작업실에서 물건을 만든다(나도 이곳에 체류하는 동안 공책을 만드는 작업실에서 하루에 두 시간씩 일을 했다). 그리고 공동체 전원이 오후 7시 미사에서 만나 하느님을 찬양한다. 공동체는 '환타지(Fantacy)'라는 고유 브랜드로, 각종 자연 섬유 인형, 도자기, 생활용품과 문구용품을 만들고, 또 올리브유와 포도주를 생산하여 그 판매 수익으로 공동체를 운영하고 있다.

주말에는 이 '일치의 소도시'를 보러 약 600명~700명이 방문하고 있으며, 매년 5월 1일은 '프리모 마지오(Primo Maggio)'라고 일컫는 '젊은이의 날' 행사를 대대적으로 한다. 작년에는 세계 각지에서 5천 명의 젊은이들이 모였다고 한다.

아름다운 자연환경 속에서 같은 뜻, 일치의 정신으로 사는 사람들은 하나같이 미소짓고 있었고, 만나는 이들마다 상냥하게 "챠오(ciao: '안녕'이라는 인사)" 하며 인사를 건넸다. 이곳에서 일주일을 머무는 동안, 우울한 얼굴을 하고 있는 사람은 보지 못했다. 모두들 행복한 얼굴을 하고 있었다. 이곳에서 일 년 동안 가족들과 머무르고 있는 한 여성은 이곳이 바로 '천국'이라고 말했다. 숙소에 방 열쇠가 없는 믿음의 소도시, 일치의 소도시였다. 공부도 하고, 자기가 원하는 분

야에서 일하며, 매일 미사에서 만나 하느님을 찬양하는 공동체! 며칠간 이곳에 머무르게 된 것에 감사드린다.

피사

포콜라레 공동체를 떠나 피사에 왔다. 피사에서는 B&B 모텔에 예약이 되어 있었다. 봄이라고는 하지만 아직도 이태리는 날씨가 쌀쌀한데, 난방 시설이 안 되어 있어 더 추웠다. 호흡기가 약한 나는 추위를 잘 탄다. 여행 보따리 속의 보물 제1호는 뜨거운 물을 담을 수 있는 조그만 스테인리스 물병이다. 방은 작더라도 햇빛이 들어오면 좋겠는데, 숙소를 잘못 고른 것 같다. 이제 와서 숙소를 바꾸기도 힘들고 피사에서는 잠시 머물 예정이라 그냥 있기로 했다. 컴컴한 방에서 나와 피사 역 앞 잔디밭에서 책을 읽으며 햇볕을 쪼였다.

오래된 건물들은 디자인이 멋지고 운치가 있으며 곳곳에 화려한 조각이 새겨 있다. 도시 한가운데를 흐르는 강은 깨끗하지는 않지만(한강이 훨씬 깨끗하다), 곳곳에 유서 깊은 건물들과 아름다운 성당들이 있어서 아름다운 도시다. 새것을 별로 좋아하지 않고 사람들 손때가 묻은 낡은 것에 편안함을 느끼는 나는 이곳 피사가 마음에 든다.

Santa Maria Carmine
산타 마리아 카르미네 성당

한국을 떠나온 지 벌써 한 달이 넘었다. 이태리 말도 모르고 가는 곳마다 그 사람들 사는 모습을 구경하는 '아웃사이더'로서의 이 여행이 과연 나에게 얼마나 의미가 있는 것일까.

피사에 도착하던 날 지나친 성당이 있었다. 꼭 들러 보고 싶어 마음에 담고 있었는데 오늘 드디어 그곳, '산타 마리아 카르미네 성당(Santa Maria Carmine)'을 찾았다. 유난히 아름다운 성모상(성모상 발아래에 많은 글이 쓰여 있고, 촛불 또한 많이 켜 있는 것을 보니 특별한 역사가 있는 성모상인 것 같다)을 바라보는 순간, 이제까지 느껴 보지 못했던 감동이 전해 왔다.

"어머니, 저 마리아 여기 왔습니다. 자애로우신 어머니, 자비로우신 어머니, 저도 당신을 닮게 해 주세요. 저는 자

저자에게 특별한 감동을 준
성당 내의 성모자상
아르노 강변의 스피나 성당 외관

애롭지도 인자하지도 못했습니다." 뜨거운 눈물이 줄줄 쏟아졌다. 마침 묵주기도를 시작한다고 했다. '아베마리아, 그라시아 플레나 …… 주님과 함께 계시니 여인 중에 복되시며 …… 산타 마리아 아모레 미오 …… 이제와 우리 죽을 때에 ……' 다른 신자들과 함께 눈물을 흘리며 기도했다.

묵주기도가 끝나고 라틴어 미사가 시작되었다. 토요일인데도 큰 성당이 신자들로 가득 찼다(거의 할머니들이었지만). 나는 '기리에 엘레이손', '쌍투스' 성가를 목청껏 부를 수 있었다. 왼쪽에 있는 소화 데레사상의 얼굴이 마치 살아 있는 사람의 얼굴 같다. 내 딸 데레사를 위해 데레사 성녀에게 기도했다. 그러고 나서 성모자상에 촛불을 봉헌하고는, 지나간 날들을 돌이켜보면서 앉아 있었다.

20 아일린과의 시내 관광

숙소가 편치 않고 숙소 주인도 마음에 들지 않아서 신경이 좀 쓰였지만, 그런대로 괜찮았다. 어젯밤, 잠이 안 와 프란치스코 수도회의 영성인 '가난함, 단순함, 작음'과 포콜라레 운동의 이상인 '하느님 안에서의 일치와 버림받은 예수'에 대해 묵상했다.

이곳 피사와 로피아노에 있는 포콜라레 공동체는 매우 대조적이다. 포콜라레 공동체에서는 들꽃을 비롯한 자연을 쉽게 접할 수 있으며 방 열쇠도 필요 없을 정도로 안전하지만, 피사에서는 문을 꼭꼭 잠가야 하고 도로변 여기저기 눈초리가 심상치 않은 사람들이 서 있어서 가방에 신경 써야 했다.

피사의 유명한 관광지(피사의 사탑, 두오모, 세례당 등)는 입장료가 예상보다 비싸고 사람도 많아서 외관만 구경했다. 그러나 오히려 아름다운 성당들은 돈도 받지 않고 사람들도 북적이지 않아 몇 곳을 즐겁게 볼 수 있었다.

같은 숙소에 묵고 있는, 런던에서 온 아일린과 하루종일 같이 다니며 성당들을 둘러보았는데, 아일린이 이태리어를 잘해서 아주 편안하게 관광을 즐길 수 있었다. 그녀는 이태리어를 모르는 나를 위해 성당 곳곳에 있는 진귀한 역사적 유물에 대해 일일이 통역하며 알려 주었다. 우리 둘은 함께 젤라또(아이스크림)를 먹으며, 같은 곳에 감동했다. 인종과 문화가 다른데도 불구하고 생각이 비슷해서 신기했다. 특히 이곳 피사의 '성 프란치스코 성당' 건물에 감탄하며 무척이나 좋아했다. 그녀는 이태리에 집을 사러 왔는데, 집을 사면 꼭 초청할 테니 서로 연락하자면서 런던으로 떠났다.

이곳 피사에서는 성모님과 '조우'했고, 아일린을 만났다. 시내에서는 내 방을 청소하는 여자를 우연히 만나 에스프레소를 한잔 사 주니 고맙다며 내가 그토록 사려고 별렀던 전기 장판을 살 수 있도록 도와주었다. 덕분에 그 후로는 춥지 않게 밤잠을 자게 되었다. 또한 피사에 도착한 날에는 기차역 계단이 너무 높아 무거운 짐을 보며 걱정하고 있을 때 우연히 한국인 청년 둘을 만나 편하게 숙소에 도착한 일도 있었다. 피사를 떠올리면 좋은 기억이 많다.

 봄날의 파란 하늘, 푸른 바다, 바다 건너편의 산들,
아름다운 보랏빛 들꽃, 알로 베라,
앞뜰 성모 동굴 안의 성모님,
하얀색과 까만색 수도복의 수녀님들, 신부님들,
이 세상에 내가 좋아하는 모든 것들이 이곳에 다 있다!

Monastero di santa croce
성 십자가 수도원

이틀 전 이곳 '성 십자가 수도원'에 도착했다. 수도원이라기보다는 휴양지 같다. 봄날의 파란 하늘, 푸른 바다, 바다 건너편의 산들, 몇 십 년은 족히 된 것 같은 야자수, 아름다운 보랏빛 들꽃, 알로 베라, 무리지어 하얗게 피어 있는 마거리트 꽃, 앞뜰 성모 동굴 안의 성모님, 바다를 향해 반짝이며 빛나는 커다란 성체, 여기 저기 묵상하며 거니는 하얀 수도복의 성십자 수도회 수녀님과 까만 수도복의 가르멜 수도회 수녀님들, 신부님들, 이 세상에 내가 좋아하는 모든 것들이 이곳에 다 있다!

바다 쪽으로 내려가는 길가에 있는, 12세기에 지었다는 자그마한 '가르멜 수도원' 고성이 특히 아름답다.

지금까지 본 곳 중 가장 아름다운 곳! 크게 잘못한 일은 없어도 그다지 잘한 일도 없이 그냥 하루하루 살아온 것 같은데 하느님께서는 너무 '좋은 선물'을 주시는 것 같다. 특히 이번 여행에서는 위험한 순간마다 나를 인도하셨다.

매일매일 같은 삶이 되풀이되는 일상에서는 별 생각 없이 무심하게 흘려 버리지만 예측 불허의 여행길에서는 순

수도원 성모 동굴 속의 성모님
수도원 앞 계단

간순간의 '작은 기적'들을 알아차리게 되는 것 같다.

로마에서 아씨시로 떠나는 날 기차에서 짐 하나를 잃어버릴 뻔했는데 화장실을 다녀오다가 내리는 문 앞에 놓여 있는 짐을 발견하여 찾게 해 주셨으며(수사님이 가방을 짐칸에 두지 말고 좌석 옆에 두라고 일러 주었지만, 옆 사람이 불편할 것 같아서 짐칸에 두었었다), 피사를 떠나는 날 기차역에서 잘못 들어선 길이 승강기가 있는 곳이어서 오히려 편하게 기차를 탈 수 있게 해 주셨다.

또한 이 수도원 근처 사르자나(Sarzana) 역에 도착한 날에는 무거운 짐가방 걱정을 덜어 주셨다. 아주 작은 시골 역이라 승강기가 없어 무거운 짐들을 보며 멍하게 서 있었는데, 한 중국인 청년이 철도 몇 개를 건너뛰면서 나를 향해 오고 있었다. 알고 보니 그는 나를 다른 사람으로 착각했던 것이다. 그 청년은 이왕 온 김에 도와준다며 내 가방을 역 입구까지 옮겨다 주고는 잘 가라고 손을 흔들었다.

그뿐만 아니라 이 수도원에서는 캐나다에서 온 '모니끄'를 만나게 해주셨다. 모니끄도 내가 들고 다니는 《300곳의 이태리 수도원》 최신판을 보며 여행하고 있었다. 이태리어를 잘하는 모니끄의 도움으로, 전화번호가 바뀌어 연락이 안 되었던 세 곳에 예약할 수 있었다.

이렇게 매일 '작은 기적'들이 일어날 때마다 주님께서 "마리아, 힘내!"라고 하시는 것 같아 지쳤다가도 다시 용기를 냈다.

해가 졌다. 창밖을 보니, 하늘과 바다의 경계선이 도시의 불빛으로 금줄이 드리워져 있었다.

주님, 감사합니다! 당신이 만드신 최상의 자연과 궁전 같은 수도원 모퉁이에 놓여 있는 성녀 데레사상, 십자가, 아기 예수상, 당신의 자녀들을 보며 많이 많이 즐거워할 겁니다.

22 칭케 테레 국립공원
Cinque Terre

아침 먹고 산책하다가 앞뜰 올리브나무 밑에 있는 양 떼를 보았다. 30여 마리 되는 것 같았는데, 신부님이 양 떼들을 우리 밖으로 내보내서 양들이 여기저기서 풀을 뜯어먹을 수 있게 했다.

신부님을 졸졸 따라다니는 양들, 햇빛이 쏟아져 보석처럼 반짝이는 바다, 하얀 마거리트 꽃들의 잔치 속에 코를 자극하는 아침의 싱그러운 꽃향기, 아! 여기가 바로 지상의 낙원이구나!

한국에서부터 가 보고 싶던 '칭케 테레(Cinque Terre: 바닷가 절벽에 위치한 5군데(cinque)의 그림 같은 작은 마을) 국립공원에 가게 되었다. 이태리에서 가장 아름다운 국립공원으로 알려져 있는 곳이다. 어제 아침 식사 때, 같은 식탁에 앉은 젊은 부부가 그곳에 간다고 하기에, 나도 가 보고 싶다고 했더니 같이 가자고 했다. 그 부부의 자동차로 하루종일 즐겁게 관광하고 수도원으로 돌아왔다.

지도상으로 보면, 장화 모양의 이태리와 왼쪽의 프랑스 국경 사이에, 영어 알파벳 U자가 거꾸로 된 것 같은 해안가가 있는데, 그곳이 바로 유명한 해안가 절경이 펼쳐지는 국립공원이며, 내가 묵고 있는 수도원은 바로 그 오른편에 위치하고 있다.

아름다운 절벽, 파도치는 바다, 그리고 절벽 위에 다닥다닥 붙어 있는 집들, 분홍색, 초록색, 파란색 등 형형색색의 집들이 파란 바다와 절벽들과 조화를 이루어 최상의 아름다운 풍경을 연출하고 있었다. 이곳을 지나는 다섯 군데의 기차역 중 아무 곳에나 내려서 구경할 수 있는데, 역전은 항상 사람들로 붐비어 초만원을 이룬다. 게다가 공휴일인 오늘은 사람이 더욱 많아 다섯 군데를 다 보지 못했다. 하지만 절벽 끝 좁은 전망대의 길들, 바위틈마다 피어 있는 각종 들꽃, 수십 미터 낭떠러지 밑으로 펼쳐져 있는, 눈이 시리도록 푸른 바다를 잊지 못할 것 같다. 그 많은 사람들 중에 동양인이라고는 나 혼자였다.

감사합니다, 주님. 매일 볼거리를 주시는군요. 사람이 무엇이길래……. 주님이 지으신 세상은 정말 아름답습니다!

칭케 테레 해안 국립공원의 한 부분의 전경

23 루치아나와 로잔나 할머니

Luciana and Rosanna

나는 혼자인데다 다른 여행객들보다는 오래 머물기 때문에 식탁에서 함께 식사하는 사람들이 자주 바뀐다. 함께 국립공원을 다녀왔던 젊은 부부는 가고, 새로 온 할머니 두 분과 식탁에 함께 앉게 되었다. 밀라노에서부터 이곳 수도원으로 관광 겸 피정을 온 68세와 70세인 루치아나와 로잔나 할머니는 남편들이 매우 가까운 친구라서 할머니들끼리도 친해졌는데, 남편들이 세상을 떠난 후에도 가까이 지내면서 함께 여행을 많이 다닌다고 했다.

오늘을 어떻게 지낼 것인지를 묻기에 기차표를 예매하러 사르자나 역에 갈 것이라고 했더니 할머니들이 함께 다니자고 했다. 우리 셋은 루치아나 할머니 자동차로 사르자나 기차역으로 갔다. 할머니들이 주차장에서 기다리는 동안, 나는 기차표를 사 가지고 왔다. 그런데 카드 영수증을 보니 기차표가 19유로인데 52유로를 낸 것으로 찍혀 있었다. 할머니들에게 이야기했더니, 이태리어를 못하니까 일부러 속인 것이라고 흥분하며 역 안으로 들어가 차액을 현금으로 받아가지고 왔다.

로잔나와 루치아나 할머니

 이곳 이태리는 관광객 덕분에 나라 전체가 먹고 산다고 해도 과언이 아닐 정도인데도 관광객에게 그다지 친절한 편이 아니다. 전세계 사람들이 몰려드는 로마 같은 대도시 외에는 기차역 같은 공공 기관에 영어를 할 줄 아는 직원이 없다는 것도 이해가 안된다. 자기 나라에 대한 자부심이 그만큼 강해서인지 모르겠지만 예의가 아니라고 생각한다.

 사르자나 시에는 로마 시대에 지은 '산타 마리아 성당'을 중심으로 유적들이 있다. 산타 마리아 성당은 주변의 건물들 중 가장 크고 화려하다.

 돈도 찾아 주고 편하게 관광도 시켜 주는 할머니들이 너무 고마워서 할머니들에게, '미오 안젤로(mio angelo: '나의 천사'

라는 뜻)'라고 했더니 무척 좋아했다. 이태리어를 전혀 모르는 내가 할머니들과 하루종일 다니면서도 의사 소통 때문에 불편한 적은 없었다. 수도원으로 돌아오니 수녀님들이 할머니들에게 영어를 할 줄 아느냐고 물을 정도였다.

나이 듦이 얼마나 좋은 것인지, 말이 안 통해도 무엇을 원하는지, 어떤 마음인지, 눈빛, 몸짓만 보고도 알 수 있다. 할머니들이 내 표정을 보고, 또 내가 할머니들 표정을 보고 알아차리는 것이다.

'의사소통'에 대해 학생들에게 가르칠 때 "말로 표현되는 것은 7%이고 나머지 93%는 몸짓언어이다,"라고 한 적이 있는데, 정말 그렇다는 생각이 들었다. 이태리어 회화 책을 들고 다니면서 할머니들의 대화를 알아들으려고 애쓰는 것을 안타깝게 생각한 할머니들이 먼저 책에 있는 단어를 가리키며 이야기를 시작하는 경우도 있었다.

로잔나 할머니가 "피아체? 피아체?" 하며 자꾸 물었는데, 도대체 무슨 말을 하는지 모르다가 갑자기 "Piacer d'amor piu che un di sol non dura(사랑의 기쁨은 어느 덧 사라지고……)……"로 시작되는 '사랑의 기쁨'이라는 이태리 가곡이 생각났다. 아! 기쁘냐고 묻는 것이구나! 나는 금방 "씨, 이오 피아체(Si, io piacer; 그래요, 나는 기뻐요)."라고 대답했다. 내 이태리어 실력은 이 정도밖에 안 된다. 그래도 한 달이 넘으니 긴장이 덜 되고 가장 기본적인 일상 용어들은 알아듣고 말도 하게 되었다.

오후에 바닷가에서 발을 담근 채 책을 읽고, 예쁜 조약돌도 주워 오고……. 행복한 하루였다.

24 마음속의 명품
Top Brand in my Heart

대부분의 사람들은 좋은 것과 명품을 갖고 싶어 한다. 나도 이번 여행에서 진짜 명품을 마음속에 지니고 가고 싶다.

하루에 6시간만 일하면서, 돈이 없으면 없는 대로, 가족끼리 하루하루를 즐기며 사는 사람들. 뒤에서 누가 급히 걸어오든 말든 아랑곳하지 않고 좁은 길에서 손을 잡고 천천히 걷는 노부부들. 신부님이나 수녀님들과도 친구처럼 지내는 사람들.

일 년에 일하는 날과 노는 날이 반반이 될 정도로 많이 노는 나라. 갈릴레오, 성 프란치스코, 다빈치, 미켈란젤로, 루치아노 파바로티의 나라. 세계적 명품 컬렉션들의 메카

이며, 간단한 의자 하나도 멋스럽게 디자인하는 나라.

물론 단점도 있지만, 그들의 피에 흐르는 정신적, 문화적인 유산은 부러웠다. 게다가 곳곳에 아름다운 성당과 성소가 많은 이 나라는 특별한 은총을 받은 곳이 아닐까.

그러나 이 세상 어느 한 곳에 특별한 은총이 깃든 곳이 있다기보다는, 내 마음속에 특별한 은총이 있을 수 있다는 생각이 든다.

보통 신자들은 특별한 은총을 바라는 마음으로 성지를 찾지만 주님의 뜻을 따라 세상의 유혹이나 악과 맞서며 영원한 생명의 길로 하느님을 향해 걸어가는 것이 특별한 은총이 아닐까 하는 생각이 든다. 성지는 내 마음속에도 있다는…….

밤바다를 향하여 빛을 발하는 성체가 바다를 환하게 비추고 있다.

"주님, 당신의 성체로 저를 구원하소서! 당신의 성체로 이 세상을 구원하소서!"

또 하루가 저물고 있다.

25 파우스토 신부님

할머니들과 레리시(Lerish) 항구 도시를 본 후, 이 주변의 섬들이 한눈에 들어오는 산 정상에 올라섰다. 잔잔한 푸른 바다와 푸른 하늘이 주는 평화로움과 아름다움에 넋을 잃었다.

뉴욕에서 온 두 형제가 부인들과 이곳 수도원에 묵었다. 그들도 내가 가지고 다니는 책을 복사해서 가지고 다녔다. 그들은 여행 일정을 순서대로 엮어서 만든 공책을 나에게 보여 주었다. 동생인 게리가 모든 여행 일정을 만들고 다른 세 사람은 따라만 다녔다.

나는 혼자서 모든 것을 다 계획하고 다녀야 하기에, 그들을 복이 많은 사람들이라고 생각했다. 게리의 부인에게 참 행복한 여자라고 했더니, 오히려 나에게 용기가 대단하다며 혼자 여행하고 싶은데 아직 용기가 없어서 못하고 있다고 했다. 당신에게는 아직 필요하지 않으니 주어지지 않는 것이며, 그래서 하느님은 공평하시다고 했더니, 내 대답이 놀랍다는 듯 눈을 동그랗게 뜨고 나를 쳐다보았다.

샤워를 하고 오후에 방에서 잠깐 눈을 붙이는 동안 께름칙한 꿈을 꾸었다. 일어나서 묵주기도를 드리고, 저녁 미사에 참례하고 싶어 2층에 있는 소성당으로 갔다. 그 어느 때보다 절실하게 기도하며 성체를 모셨다. '주님을 모시기에 합당치 않사오나…… 제 영혼이 나으리이다.'

컴퓨터 사용을 도와준 파우스토 신부님이 바로 뒷자리에 있었다. 젊은 파우스토 신부님은 모두에게 친절하고 활기찬 분인데, 성당에서 미사를 드리는 모습은 세상 근심을 혼자 다 짊어진 듯 고뇌에 차고 금방이라도 눈물이 쏟아질 것 같은 표정이었다. 휠체어를 탄 뇌성마비 부인과 함께 이곳에서 며칠을 묵고 있는 남자도 있었다. 그는 항상 모든 것을 체념한 듯한 표정을 짓고 있으며 불행해 보였다. 늘 먼 곳을 보는 듯한 슬픈 눈을 하고 있는 그를 보고 있으면, 그 사람의 마음이 그대로 전해지는 것 같아 얼른 시선을 피해 버렸다.

오! 주님, 당신이 안 계시면, 우리가 이 세상을 어찌 살겠습니까? 당신이 안 계시면, 천지도 캄캄하고, 세상은 귀향살이…….

레리시 항구

저녁식사 후 대화를 나누는 바다가 보이는 테라스

로즈마리

    산과 바다로 둘러싸인 수도원이 워낙 넓은데다 뒷산과 바다 중간에 띄엄띄엄 놓여 있어 찾기 힘들었던 '십자가의 길' 14처를 오늘 처음 다 찾았다. "제 맘속에 주님 상처 깊이 새겨 주소서……." 기도서 없이 조각된 그림을 보며 기도를 마쳤다.

    오후에 루치아나와 로잔나 할머니와 함께 수도원에서 조금 떨어져 있는 '푸치니'(오페라 작곡가, '라보엠', '나비 부인' 등을 작곡함) 마을에 갔다. 마을의 골목 이름들이 '라보엠', '버터플라이', '토스카', '푸치니' 등으로 되어 있는 것이 재미있었다.

    저녁 식사 후, 오늘도 바다가 보이는 테라스에서 뉴욕에서 온 두 부부와 이야기를 나누었다. 가톨릭과 다른 종교들에 대해서, 그리고 프란치스코 영성에 대해서 이야기를 나누었다. 일행 중 로즈마리는 나보다 세 살 위였고 중학교 교감 선생이었는데 작년에 정년 퇴직을 했다고 한다.

    로즈마리와 나는 틱낫한 스님의 책들을 읽었고 스콧 팩 박사의 대표작 《아직도 가야 할 길》에 심취했으며, 가치관이 같고, 요가를 좋아하는 등 살아가는 모습이 서로 너무 비숫해서 깜짝 놀랐다.

나는 초등학교 1학년 때, 학교 앞의 개가 무서워서 집으로 그냥 돌아간 적이 있을 정도로 겁 많은 아이였다고 한다. 그런데 이렇게 혼자 말도 안 통하는 머나먼 나라에 와서 방랑 생활을 하며, 처음 본 사람들과 오래 알았던 친구들처럼 마냥 웃고 떠들고 있다니!

수도원 앞마당의 모든 불이 꺼지며, 취침 시간을 알렸다. 내일 아침 떠나는 두 부부와 작별 인사를 하는데, 로즈마리가 나를 부둥켜안고 울었다. 나는 그녀가 왜 우는지 알고 있었다. 만난 지 얼마 안 되었지만, 진리를 향한 마음의 행로가 우리는 너무도 비슷했다. 남편은 남들 앞에서 갑자기 우는 부인을 보고 당황한 듯했다. 내가 남편에게 편안함에서 오는 눈물이니 안심하라고 했더니, 그는 고맙다며 뉴저지에 오면 자기네 집에 꼭 들르라고 했다. 로즈마리가 나에게 이메일을 보내도 되느냐고 묻기에, 그녀를 껴안은 팔에 힘을 주며, 물론이라고 말했다.

아! 삶이란 참 좋은 것이다!

27

The sister in the kichten
주방의 수녀님

오늘 할머니 두 분과 까라라(Carrara) 도시를 방문, 12세기 때 지은 '성 안드레아 대성당'을 보았다. 오랫동안 성당을 사용하지 않아서 음습한 냄새가 났지만, 옛 그대로의 벽과 천장, 대리석들이 12세기에 머물고 있는 것 같은 착각에 빠지게 했다. 외벽의 장미창이 다른 곳보다 아주 섬세하다. 성당 앞 조그만 광장에는 나무로 만든 조각상 그림들을 팔고 있었고 골목마다 아기자기한 물건들을 진열해 놓고 있어 재미있게 구경할 수 있었다.

루치아나와 로잔나 할머니가 내일 떠난다. 두 분은 지난 일주일 동안 나에게 조금이라도 더 좋은 곳을 보여 주려고 애쓰고, 말이 안 통해도 좀 더 많은 것을 알려 주려고 애썼다. 70세의 내 모습을 그려본다. 루치아나 할머니의 품위와 멋을 지닐 수 있을까? 헤어진다니 정말 섭섭하다.

우리가 이용하는 식당에 주방 일을 책임지는 70세 정도의 수녀님이 있다. 수녀님은 동양 사람을 처음 본 것 같고, 꼬레아노(한국인)에게 호감을 가지고 있지 않은 것 같았다. 이곳 사람들은 복도나 마당에서 사람들과 마주칠 때면 으레

'본 조르노(Buon giorno; 안녕하세요)' 하고 서로 아침 인사를 했다. 그런데 그 수녀님은 내가 인사할 때는 눈을 마주치지 않고 다른 곳을 봤다. 나와 인사하고 싶지 않은 것 같았다. 수녀님은 사교적이고, 특히 처음 온 사람과의 대화를 좋아하는데 나에게는 그렇지 않았다. 내가 이태리어를 잘 못하기 때문이기도 하겠지만 꼭 그런 것만은 아닌 것 같았다. 하루는 내가 앉은 자리 뒤쪽에서 새로 온 여행객에게 작은 소리로 '꼬레아나'라고 나를 소개했는데, 긍정적인 어투가 아니었다. 일주일 내내 그 수녀님 때문에 신경이 쓰였다.

이곳의 다른 수녀님들과 신부님들은 내게 매우 친절하고 농담도 건넸는데, 그 수녀님은 달랐다. 그 수녀님을 좀 혼낼 방법을 궁리하다가, 떠나는 날 작별 인사 시간에 "이곳에 수녀님 유니폼만 입은 수녀님이 계시다."라고 말하고 떠나려고 마음먹었다.

그런데 저녁 기도를 드리는 중에 그 수녀님이 떠올라 잠깐 수녀님에 대해 생각해 보았다. 70이 넘은 나이에 이 외딴 곳에서 힘든 식당 일을 하며 수도자로서 하느님께 일생을 봉헌하고 봉사하는 수녀님이었다. 수녀님의 마음에 평화를 주시기를 기도하고, 또 수녀님이 나에게 좀 따뜻하게 대하도록 해 주시기를 기도했다.

까라라 시의 성 안드레아 대성당 외부의 장미 창문

다음 날 아침, 복도에서 수녀님과 마주쳤다. 나는 여느 때처럼 "본 조르노 수오라(Buon giorno suora; 안녕하세요, 수녀님)"라고 아침 인사를 했다. 그런데 수녀님이 나에게 미소를 짓는 것이 아닌가! 의아했다. 수녀님이 지나가고 나서야 어제저녁 기도 중 수녀님을 위해 기도한 것이 떠올랐다.

아! 내 마음이 수녀님께 전달되었나 보다. 그냥 잠깐 기도했을 뿐인데, 주님께서 수녀님에게 내 마음을 전하셨나 보다! 그 이후 수녀님은 나에게 먼저 말도 걸고, 음식이 어떠냐고 자주 묻기도 했다.

몇 주일 후 로마에 있는 바오로 수사님에게 이메일을 보내 이 일에 대해 이야기했다. 수사님은 "마리아 선생님, 주님 은총 받으셨네요." 하는 답장을 보내왔다.

제10처 옆의 성모자상 / 앞뜰의 제14처

28 세례식
Baptism

바다 쪽 벽이 투명 유리로 되어 있는 1층 성당에서 유아 세례식이 있었다. 이태리에 온 후 처음으로 보는 세례식이었다. 친척들이 꽃다발을 들고 입장하고, 아기와 아기 엄마는 흰 옷을 입고 있었다. 마침 아기가 잠이 들어서 세례식이 순조로웠다. 신자들이 "크레도(Credo; 믿습니다)"라고 대답하는 걸 보니 신부님이 "영원한 생명을 믿습니까?"라고 물었나 보다.

화창한 봄날 아침, 바다가 햇빛을 받아서 보석이 알알이 박힌 듯 반짝거리는데, 영원한 생명을 받는 아기의 세례식이 이 아름다운 대자연과 어우러져 환상적인 하루를 만들어 냈다. "축복받은 오늘이여! 부당하온 이 죄인이……."

오전에 루치아나와 로잔나 할머니가 떠났다. 부둥켜안고 작별 인사를 나누는데 눈물이 났다. 사노라면, 많은 사람을 만나고 또 헤어진다. 잠깐 만나고 헤어지는 사람, 몇 년 동안 만나는 사람, 또 평생 동안 만나는 사람…….

내가 오래전에 보았던 흑백 영화 〈일리노어와 프랭클린〉은 내가 참 좋아하는 영화다. 이 영화는 유명한 프랭클린 루

바다가 보이는 1층 성당내 조개 모양의 성수대

즈벨트 대통령의 부인이 루즈벨트 대통령의 관을 기차에 싣고 장지로 가면서 남편과의 삶을 돌아보는, 사랑과 영광, 분노와 슬픔의 과거를 회상하는 내용이다. 영화의 처음 장면이 기차 안에서 시작하여, 마지막 장면도 기차의 차창 밖으로 수많은 인파가 손을 흔들며 대통령을 보내는 장면으로 끝이 난다. 배경 음악은 유명한 드볼작의 '신세계 교향곡' 2악장. 기차 안의 장면이 나올 때마다 흐른다.

나는 가끔씩 이 영화를 떠올린다. 나 역시 살아가는 동안 많은 사람들과 만났고 또 헤어졌다. 다음 역에서 내리는 사람도 있고 새로 타는 사람도 있다. 이미 내린 사람들에게, 나는 연락을 잘하지 못하는 편이다. 현재 삶이 버거워서 이미 지난 역에서 내린 사람들까지 챙기지 못했다.

어쨌든 우리는 많은 사람들과 만나고 헤어지면서, 사랑을 받고 사랑을 하며, 상처를 받고 상처를 주며, 기뻐하고 슬퍼한다. 그리고 그 성적표를 가지고 주님을 만나게 된다. 그리고 영원한 생명을 얻기를 바란다.

요트가 여기저기 떠 있고, 수상 스키, 행글라이더까지 나와 있다. 눈에 보이는 것은 모두 파란색과 초록색 두 가지뿐이다.

이태리에서는 오늘이 '어머니날'이라고 하면서 성악가

루치아노 파바로티의 음성으로 자주 들었던 '맘마(mamma, 어머니)'라는 노래를 실베리오 신부님이 불러 주었다. '아니 저 신부님은 화분 가꾸시랴, 양들 돌보시랴, 미사 드리시랴, 제일 바쁜 분인데 노래까지 저렇게 잘하시다니, 참으로 복이 많은 신부님이시구나.'라고 생각했다. 이곳 신부님들 중 가장 행복해 보이고, 인자해 보여서 참 좋다.

저녁 미사는 신부님 두 분이 집전하고, 수녀님 한 분과 신자 두 명(나를 포함), 이렇게 셋이서 참례했다. 이렇게 오붓하게 미사를 드린 적은 처음이다. 미사 중,《가난한 이의 슬기》에서 읽은 "지금 그는 하느님이 자기에게 무얼 원하시는지 알 수 없었다. 그래서 하느님을 기쁘게 해 드리기 위해 무엇을 해야 할지 고뇌하는 것이다."(25쪽)라는 구절이 생각났다. 항상 나의 삶에 대해 고뇌했지 하느님을 기쁘게 해 드리기 위해 고뇌한 적이 있었던가?

29 Shear wool from a sheep
양털 깎기

아침을 먹고 산책하다가 실베리오 신부님을 만났다. 신부님이 '라나(lana)……' 하면서 가위로 자르는 흉내를 내기에 '아 양털을 자르시려는 구나' 하고 알아차렸다. 이태리에서 수입해 온 스웨터의 목 뒤쪽을 보면, 라나 100%라고 적혀 있던 생각이 얼핏 스쳤던 것이다. 나는 신부님을 따라가서 양털 깎는 것을 구경하고 싶었지만 다음 행선지인 밀라노로 떠날 준비로 바빠서 그냥 멀리서 잠깐 구경하기로 했다.

신부님은 마른 빵과 풀을 갈아서 두 통 가득 담아 양 우리로 들어갔다. 멀리서 지켜보니 신부님은 먼저 털을 깎지 않는 어린 양들을 우리 밖으로 내 보냈다. 그런데 이 어린 양들을 어미 양들과 떼어 내는 것이 보통 일이 아니었다. 그래서 어미 양과 떼어놓기 위한 미끼로 어린 양이 좋아하는 먹이를 두 통 가득 준비해 온 것이다.

용달차가 오더니 신부님과 같이 양털을 깎을 젊은 청년이 차에서 내려 양 우리로 들어갔다. 우리 속이 안 보여서 양털 깎는 광경은 볼 수 없었는데, 떼어 놓은 어린 양들 중 가장 큰 녀석이 우리를 들여다보며 크게 울었다. 어미에게 심상치 않은 일이 일어난 것 같은 예감에, 걱정이 되어서 우는 것이었다. 다른 양들은 한쪽에서 좋다고 꼬리를 흔들면서 신부님이 가져 온 빵가루를 먹고 있는데, 그 큰 녀석은 우리 주변을 빙빙 돌며 우리에서 눈을 떼지 못하고 계속 울었다. 더 지켜보고 싶었으나 짐을 싸기 위해 그냥 숙소로 돌아왔다.

짐을 싸다가 며칠 전에 바닷가에서 주워 온 예쁜 돌들을 보았다. 아무래도 짐 속에 넣을 자리가 없을 것 같았다. 방에 그냥 두면 쓰레기통 행이니, 다시 제자리로 보내 주는 것이 좋을 것 같아 해변가로 가져 갔다. 이렇게 긴 여행을 하다 보면, 갖고 싶은 것, 사고 싶은 것에 대한 절제를 배울 수 있는데, 그것도 여행을 하면서 얻는 수확 중 하나일 것이다.

조약돌들을 원래의 위치에 놓아 주고, 파도 소리와 새 소리가 너무 좋아서 평평한 바위 꼭대기에 앉아 명상을 했다. 그러고는 아무도 듣는 이가 없는지라 '무대 위의 루치아노 파바로티'라고 생각하며 슈베르트의 '아베마리아'와 한국 가곡, 팝송 등을 큰 소리로 불렀다. 가슴이 탁 트이는 것 같았다. 또, 가지고 있던 종이에 바닷가 풍경도 스케치하고 묵주기도도 드렸다. 이렇게 예상치 못한 귀한 시간을 보내게 되고 보니, 마치 돌들이 자기를 친구들 곁으로 돌려보내 주어서 고맙다고 나에게 큰 선물을 준 것 같았다.

올리브나무들, 양떼들과 신부님

밀라노의 두오모(대성당)

30 두오모(대성당)
cathedral Duomo, Milan

리구리아 주의 '성 십자가 수도원'을 떠나 밀라노에 와서 짐을 풀자마자 '두오모'로 향했다. 두오모 앞 지하철 계단을 올라서는 사람은 누구나 깜짝 놀랄 것이다. 무척 크고 웅장하면서도 섬세하고 화려한 베이지색 대리석의 성당이 눈앞에 펼쳐지기 때문이다. 이태리는 전체가 대리석으로 되어 있는 산이 있을 정도로 대리석이 많은 나라다. 밀라노로 오기 전에 방문한 '까라라'라는 도시는 사람들이 다니는 길에도 대리석을 박아 놓았을 정도이다.

두오모 근처에는 자그마한 '산타 마리아 산 사티로 성당(Santa Maria presso San Satiro)'이 있는데, 아담하면서도 품위가 있다. 특히 밀라노에서 가장 오래된 로마네스크 양식의 종루와 돔이 무척 아름답다. 그리고 성당 안의 왼쪽에 있는 피에타 경당의 피에타상 조각들은 사람 크기 만하고 표정들이 생생하다.

'스포르체스코 성(Castello Sforzesco)'은 공원과 함께 있어서 더욱 품위가 있어 보인다. 성 안에 있는 시립박물관에는 밀라노 주변에서 발굴한, 예술품으로서의 가치가 어마어마한 유물들이 많다. 도시마다 시립미술관이나 전시관들이 있는데 세계적인 수준이다.

이곳 사람들은 하루에 6시간만 일한다. 관광객을 상대로 영업하는 상인들조차 여름휴가를 떠난다. 그럼에도 불구하고 이 나라의 관광 수입이 줄지는 않을 것이다. 아니 세월이 지날수록 더 늘어날 것이다. 이곳 박물관에 전시된 유물들을 보는 사람은 누구나, 꼭 이태리 국민이 아니라 하더라도, 인간에 대한 자부심까지 느껴질 것 같다.

박물관에서 화려하고 섬세한 르네상스 시대의 가구와 의자, 식탁 등의 생활용품 등을 구경했다. 이태리 사람들은 공간이 있으면 그냥 두지 않고 무언가를 그려 넣어야 했나 보다. 탁자 밑, 의자의 다리 끝까지 빈틈없이 조각이 되어 있다. 박물관 천장에도 그림으로 꽉 차 있다. 동양 예술의 '여백의 미' 개념과는 전혀 다르다.

'맥도날드'의 플라스틱으로 만든 의자 하나에도 독특한 디자인을 해 놓은 것을 보면 디자인 정신이 이태리 국민의 핏속에 녹아 있다는 생각이 든다.

파티마의 성모님

Santa Maria from Fatima

집을 떠나온 지 두 달이 넘었다. 이제는 어느 정도 마음의 여유가 생긴 것 같다. 요즈음 이곳 밀라노에는 매일같이 비가 온다.

이태리에 온 이후 처음으로 큰 도시에서 도시 속의 삶을 누리고 있다. 로마는 그저 복잡하기만 한데 밀라노는 고풍스러우면서도 대도시답다는 느낌이 든다.

이번 여정에서 처음으로 작은 호텔에 묵었다. 냉장고와 TV가 있고, 방이 넓어서 호사를 누리고 있다. 창문을 열면 거리의 소음이 들려 번잡스럽기는 하지만 오랜만이라서 그런지 지나가는 사람들을 구경하는 것도 재미있다.

도시에서 조금 떨어진 외곽에 있는 '평화의 성 요셉 성당(S. Giuseppe della Pace)'에 갔다. 며칠 전 우연히 들른 성당의 팸플릿에서, 밀라노에 오신 '파티마의 성모님'을 평화의 성 요셉 성당에 가면 뵐 수 있다고 쓰여 있었기 때문이다. 마침 일요일이라, 나는 파티마의 성모님을 만나기 위해 성당 주소를 알아 내어 지도를 보며 찾아 나섰다.

전철에서 내려 여러 사람들에게 길을 물어서 한 시간 반

만에 성당에 도착했다. 옷이 땀에 푹 젖었고 손수건 두 장도 다 젖었다. 그래도 아름다운 성모님을 보는 순간, "주님, 성모님, 이렇게 오게 해 주셔서 감사합니다."라는 기도가 저절로 나왔다.

포르투갈에서 모셔 온 '파티마의 성모님'상은 보스턴에서 온 라일리 신부님이 주고 간 성모님 사진과 같은 모습이었다. 미사 시간 내내 군인들이 번갈아 가면서 성모상을 지켰고, 많은 신자들이 줄을 지어 성모님께 조배를 드렸다. 그중에는 아기를 안고 온 신자들도 많았다. 미사가 끝나고 묵주 기도가 시작되었다. 다소곳이 머리를 숙이신 아름다운 성모님, 나는 그 성모님을 보며 묵주기도를 드릴 수 있는 영광을 누렸다.

숙소에서 떠나올 때는 맑았는데, 오후 한 시 반경 성당에서 나오니 오늘도 어김없이 비가 내리고 있었다. 배가 고파 무언가를 먹어야겠기에 주변을 둘러보니 마침 성당 옆에 있는 중국 음식점에 불이 켜 있었다(중국 음식점은 일요일에도 영업을 한다). 음식 값도 싼 편이고, 주인 아주머니가 식사 후 남은 음식까지 싸 주었다. 아주머니에게 다시 전철을 타고 시내로 들어가야 한다고 했더니, 바로 앞이 버스 정류장이라면서 전철역까지 가는 버스 번호를 가르쳐 주었다. 성당으로

파티마 성모님과 신자들

올 때 전철역에서 한 시간 정도를 걸었기에 두세 번 쉬면서 갈 생각이었는데 참 고마웠다.

버스에 탄 후, 전철역에서 내리려면 어느 정류장에서 내려야 하는지 옆에 앉은 할머니에게 물어 봤다. 내릴 때 일러 줄 테니 걱정 말라고 얘기하는 것 같았다. 이태리의 버스는 우리나라처럼 버스 안에 노선도가 없다. 8개 정도의 정류장을 지나서 전철역 앞 정류장에 도착했다. 무거운 가방을 메고 빗속을 걷게 되지 않은 것이 얼마나 다행스러운지!

아! 주님께서, 오늘도, 천사를 보내셨구나! 노선도도 없는 버스에서 마음 졸이면서 갈까 봐 할머니 천사를 보내 주셔서 편안하게 숙소로 가게 하시는구나!

버스에서 내리면서 할머니를 향해 열심히 손을 흔들었다. 할머니도 버스 안에서 환하게 웃으면서 손을 흔들었다.

주님, 잘 다녀왔습니다. 오늘도 당신의 손길을 느낍니다.

Lodging at a monastery and general accommodation

수도원과 일반 숙박 시설

이태리는 우리나라와 위도가 같아서 사계절이 있고, 들풀도 같은 종류가 많다. 사람들의 성격도 우리나라 사람들과 비슷한 점이 있는 것 같다.

물론 다른 점들도 있다. 지하철에서 자리를 양보하는 젊은이에게 그냥 앉아 있으라고 하고는, 그 젊은이가 불편해 할까봐 슬며시 다른 쪽으로 가서 서 있는 할머니들이 많다. 그리고 노인들이 오히려 젊은이들보다 더욱 우아하고 단정하게 옷을 입고 다니는 것이나 대부분 돈을 많이 벌려고 애쓰지 않고, 얼마를 벌든 간에 자신이 처한 환경에서 즐길 줄 안다.

TV의 '노래자랑'에 출연한 사람들은 오페라 아리아 '축배의 노래', '나비 부인' 등 우리나라에서는 성악가들이나 부를 법한 어려운 가곡을 잘 불렀다. 자기 나라의 음악들이기는 하지만 어쨌든 이태리 사람들의 탁월한 예술적 감각이, 이렇게 돈으로는 얻을 수 없는 것을 누리며 사는 모습이 부러웠다.

또한 인상적이었던 것은, 초등학교 2학년~3학년 아이들이 보티첼리의 작품 등 13세기~14세기의 세계적 예술

품이 있는 박물관에 미술 선생님과 함께 견학 온 모습이었다. 더러는 장난치는 아이들도 있었지만 선생님은 열심히 작품에 대해 설명했다.

오늘은 월요일이지만(이태리 상점들은 일요일은 물론이고, 월요일도 문을 닫거나 오후 늦게 문을 연다) 집 근처를 배회하다가 마침 문을 연 큰 서점을 발견했다. 지구상에 있는 나라들에 관한 여행 안내서들을 들추어 보니, 우리나라 'Corea'에 대한 책은 한 권도 없었다. C쪽에도, R쪽에도, K쪽에도, 아무리 찾아도 보이지 않았다. 몽고, 티베트에 대한 책은 있는데 우리나라에 대한 책은 없다니, 무엇 때문일까? 이를 어쩌나? 어느 부서의 일일까? 한참 동안 여러 가지 생각을 했다.

저녁을 사 먹은 후 호텔로 돌아와 TV를 보며 쉬었다. 이태리에 온 후 처음으로 TV를 실컷 보았다. 역시 TV는 생각을 사로잡고, 눈과 귀를 사로잡는다. '바보 상자'라는 말이 맞는 것 같다.

수도원에서는 영혼이 맑아지고, 많은 생각을 하게 되어 모든 것을 하늘 쪽으로 향하게 되는 것 같다. 문을 열고 자도 될 만큼 안전하고, 만나는 사람들은 선하다. 반면, 호텔에 묵을 때는 호기심과 재미를 충족시키고 문명의 이기를 누릴 수 있지만 남을 의심하고 위험에 노출되지 않도록 신경 써야한다. 이 양쪽을 다 누리고 싶은 나이기에, 삶의 딜레마 속에서 고뇌하고 갈등하며 살게 되는 것이 아닐까.

33 성 암브로시오 성당
Sant Ambrogio

오늘은 모처럼 햇빛이 쏟아지는 화창한 날이다. 레오나르도 다빈치의 작품 〈최후의 만찬〉을 보러 나섰다. 예약이 안 되어 있었지만 혼자이기에 혹시 취소된 자리가 있지 않을까 하는 바람으로 나선 것이다. 예상대로 2주일 후까지 예약이 다 끝났다고 했다. 전 세계에서 다 모여드니 그럴 만도 하다.

관람을 포기하고 대신 근처의 '성 암브로시오 성당'(성 암브로시오 주교는 밀라노의 수호성인이다)으로 갔다. 성당 입구에 들어선 순간, 타임머신을 타고 옛날로 돌아간 것 같았다. 중국 북경에서 본, 천년이 된 나무를 쳐다본 느낌과 비슷하다고나 할까 성당이 서기 378년에 지어졌다는 안내문이 눈에 들어왔다. 무려 1600년 전에 지은 성당인 것이다!

성당 안으로 들어갔다. 중앙 제대와 그 뒤의 천장이나 받침대 등을 보니 여느 이태리의 성당들과는 다른 고풍스러

성 암브로시오 성당 / 옛날 그대로 보존되어 있는 성당외벽의 성화

움과 우아함이 느껴졌다. 제대 오른쪽에 있는 암브로시오 박물관에는 12세기~15세기의 성작, 사제들 옷, 십자가 등의 유물이 전시되어 있었다. 성당 입구 쪽 벽에 그려진, 낡고 금이 간 채로 보존되어 있는 벽화를 만지며, 성당을 받치고 있는 낡은 대리석 기둥을 만지며, 1600년 전의 선한 사람들, 신앙 안의 사람들에게 마음으로 인사를 건넸다.

성당 안에 있는 것이 그냥 좋아서 예수 성심상과 성모상을 보며 이 생각 저 생각에 잠겨 앉아 있었다. 예수 성심상을 올려다보며, "저를 이끄시어 여기까지 데리고 오셨으니 앞으로도 계속, 주님께 이끌려 가는 은총을 내려 주세요, 주님!" 하고 기도했다. 이 성당의 건축 시기가 예수님이 돌아가신 지 300여 년 정도밖에 안 된 때여서 그런지 이곳의 예수 성심상은 다른 곳의 예수 성심상과는 느낌이 좀 달랐다. 다른 사람들도 그렇게 느꼈는지, 유독 예수 성심상 앞에서 기도하는 사람이 많았다.

다빈치의 〈최후의 만찬〉 대신, 이 성당에서 이렇게 오랜 감동의 시간을 가졌기에 그 유명한 작품 관람을 포기한 것이 전혀 섭섭하지 않았다. 게다가 〈최후의 만찬〉은 15분 보고 7유로를 내야 하는데, 이 성당은 공짜다!

오늘도 하루가 저문다. 저녁 식사를 피자로 대신했다.

34 성 심플리치아노 성당
Chiesa di San Simpliciano

이틀 후 밀라노 북쪽에 위치한 코모 호수의 수도원으로 떠나야 하는데, 예약에 문제가 생겨서 숙소를 옮겼다. 짐이 많아서 이렇게 중간에 숙소를 옮기게 되면 좀 난감하다. 게다가 비까지 주룩주룩 내려서 오늘은 나가고 싶은 마음이 사라졌다. 모처럼 게으름을 피우며 방에 그냥 누워 있었다.

시계를 보니 오후 5시 반이었다. 이 시간은 외출했다가도 돌아오는 시간이지만, 자꾸 쓸데없는 생각들이 떠오르고 마음이 가라앉아 용수철처럼 벌떡 일어섰다. 우산을 들고, 바쁜 약속이나 있는 사람처럼 재빨리 지하철을 타고 아직 가 보지 못한 '성 심플리치아노 성당'에 갔다.

밀라노는 로마 제국 시대의 수도였다. 그래서 4세기~5세기에 지은 화려한 성당이 다른 도시들보다 많은데, 이 성당도 그중의 하나다. 옛 성당의 차분하고 엄숙한 분위기와 우아한 제대를 보며, 이곳에 오기를 잘했다고 생각했다. 성모상 앞에서 묵주기도를 드리고, 성당 사진도 찍고, 미사에도 참례했다.

성찬 전례 중에 플루트와 오르간 반주에 맞추어 한 여성

심플리시아노 성당

이 성가를 부르는데, 슈베르트의 '아베마리아'를 불렀다. 그동안 여행을 하면서 이 곡을 듣고 싶어서 얼마나 자주 흥얼거렸던가! 성체를 모시러 나가는데 눈물이 줄줄 흘렀다. '주님, 어머님, 주님, 어머님' 두 마디만 떠오르고 계속 눈물이 났다.

주님께서 '마리아야, 너 그냥 그렇게 누워 있지 말고, 지금 성 심플리치아노 성당으로 가거라. 네가 그렇게 듣고 싶어 하던 슈베르트의 아베마리아를 들을 수 있단다.' 하시며 이곳으로 오도록 내 마음을 움직이신 것이다!

나는 소심하고 마음이 여렸다. 세 살 때, 내 동생을 임신한 어머니가 자주 낮잠을 잤는데, 나는 아무리 심심해도 어머니를 깨우지 않고 머리맡에 앉아서 기다렸다가 어머니가 깨면 또 잘까 봐 재빨리 베개를 옷장 속에 넣었다고 한다. 그 정도로 내가 마음이 여리고 착했다고 돌아가신 어머니가 가끔 말했던 기억이 난다.

주님께서는 그런 내 손을 이끄시고 이곳으로 데리고 오셨다. 내가 주어진 일에 잘 대처하면서, 마음 다치지 않고 똘똘하게 잘 살았으면 이번 여행은 없었을 것이다. 주님은 정말 고통으로 '힘겨워하는 이의 위로자'이시며, '믿는 이의 위로'이시구나 하는 생각이 든다.

'평화의 주여, 믿는 자의 위로여, 하늘의 광채도 당신 앞에서는 흐리나, 신묘한 성사에 숨어 계시오니, 이같이 큰 사랑, 어이 갚으리이까……"

눈물이 자꾸 나서 미사가 끝난 후에도 앉아 있었다.

순간순간이 이어져서 하루가 되고 이틀이 되는데, 그 많은 시간의 삶을 정녕 내가 살아온 것일까? 내 마음이 가는 대로 내가 사는 것이지만, 나 혼자 사는 것이 아니다. 내 안의 주님과 함께 사는 것이다. 내 인생이 나 혼자만의 인생이 아닌 것이다.

성 심플리치아노 성당에서의 미사

성 로렌조 대성당
성당 내부벽화와 피에타 조각상

Basilica di S. Lorezo Maggiore - Milano
성 로렌조 대성당

4세기~5세기에 건축된 '성 로렌조 대성당'은 로마 황제 시대의 기둥이 성당 정면을 둘러싸고 있다. 성당 안에 성 아퀴리노를 모신 작은 경당이 있다. 왼쪽 벽에는 1260년 ~1270년에 그린 유명한 〈십자가상에서 내려지는 예수님〉이 있다(십자가 바로 밑에는 마리아 막달레나, 니코데모, 성모 마리아와 성 조반니가 함께 있다).

이태리에서의 가장 좋았던 기억이 무엇이냐고 묻는다면, '아주 오래된 아름답고 웅장한 성당들을 벅찬 마음으로 카메라에 담을 때'라고 말할 것 같다. 그릴에 구워져 순교한 성 로렌조를 기념하는 성 로렌조 대성당에서 힘을 얻어 내일 코모 호수에 있는 수도원으로 떠나기로 했다.

36. 코모 호수의 베네딕도 봉쇄 수도원

Lake Como - Monastero S. Salvatore

아침에 호텔을 나와 지하철과 기차를 타고, 그란다테 역에서 내려 수도원까지 걸었다. 이태리에서 가장 큰 호수인 코모 호수에서 6킬로미터 떨어진 곳이다.

수녀님의 안내를 받아 방으로 오니, 높은 천장과 대리석 바닥, 고풍스러운 가구들, 원목 침대, 머리맡의 성모자상, 하얀 레이스 커튼이 달린 아치형 창문과 그 너머로 보이는 수녀원 안뜰, 이 모든 것들이 마치 영화에서 본 궁궐 내부로 들어온 것 같은 기분이 들게 했다. 처음(17세기)에는 왕족의 소유였다가 수도원으로 바뀌었기(1954년) 때문에 그런 느낌이 든 것임을 나중에 알게 되었다.

저녁 식사 시간에 봉사자로 온 68세의 마리아와 80세의 안나, 99세의 카르나 할머니와 같은 식탁에 앉았다. 도저히 99세라고는 믿을 수 없을 정도로 건강한 카르나 할머니는 식사 후 천장이 높고 3층으로 되어 있는 웅장한 도서관을 구경시켜 주더니 할머니 방에 데려가 사진을 보여 주었다. 남편은 미국 영화 〈쉐인〉에 나오는 아란 랏드와 비슷하게 생겼고, 30대의 카르나 할머니는 어느 여배우보다도 아

수도원 정문과 수도원 안뜰

름다운 모습이었다. 지금 70세가 된 아들의 사진도 있었다. 사진 속의 할머니의 얼굴과 지금의 할머니를 비교하며 가슴이 시렸다. 나의 99세는? 아마 주님 곁에 가 있겠지…….

베네딕도 수도원 재속회의 마리아 할머니는 나를 위해 영어를 하려고 많이 애썼다.

일반 여행객은 이 베네딕도 수도원에 묵을 수 없는 것 같은데, 나는 아씨시의 '성 안드레아 수도원' 수녀님 덕분에 이곳에 묵게 되었다. 몇 개월에 걸친 워낙 긴 일정인데다 현지 사정을 전혀 몰랐기에 두 달 동안 묵어야 할 수도원만 미리 예약하고, 나머지는 이태리에 도착한 후에나 예약할 수 있었다(그나마 이미 예약한 수도원도 바꾸어야 할 경우가 생기기도 했다. 그래도 다행히 수도원에 묵는 동안 수녀님들과 친해지면 이런 일들을 쉽게 해결할 수 있었다. 더구나 수녀님들이 도와주면 예약할 수도원 측에서도 신뢰를 하기에 매우 호의적이었다). 그럼에도 불구하고 현지에 와서 보니 놀라지 않을 수 없었다. 아무런 사전 정보 없이 그저 수도원을 느낌으로만 선택하거나 심지어는 볼펜을 굴려서 정한 곳이 많은데 직접 와 보니 내가 선택한 곳들이 정말 아름답고 최고로 좋은 수도원들이었던 것이다. 이러한 일들이 과연 우연이기만 한 걸까?

37

Reading All Day, A Rainy Day

비오는 날의 독서

어제 남쪽 방으로 옮겼다. 이전의 방은 아름답기는 했지만, 북쪽 방이어서 하루종일 해가 들지 않았다.

오늘도 종일 비가 많이 와서 외출도 못하고 방에서 책만 보았다. 《가난한 이의 슬기》는 내게 성경과 같은 책이다.

"……험난한 환경 속에서 모든 것을 받아들임으로써 가난해지고……. 이렇게 인간은 순박하게 적응하는 새로운 방법을 알게 된다. 비바람을 맞게 되면 정말 지붕의 소중함을 깨닫는 것처럼, 인간적인 어떤 도움이나 일상생활을 든든히 뒷받침해 줄 수 있는 모든 것에서 멀리 떠나 있을 때 우리는 비로소 '주님, 당신은 제 바위시요, 저의 피난처이시나이다.'라는 말을 절절히 느끼게 된다. 그때 인간은 벼랑턱 바위부리의 가냘픈 풀과 같이 떨고 있는 자기 존재를 들여다볼 수 있기 때문이다."(23쪽)

이것은 험한 산속 동굴의 은둔처에서 한 말인데, 생활에 필요한 것들이 갖추어져 있는 이곳에서도 같은 마음이 들다니! 읽고 또 읽은 책인데, 새삼스럽게 보석같은 글들이 눈에 들어온다. 비가 많이 와서 외출을 못하고 마음이 울적

했는데, 책을 읽으며 위로를 받는다.

"안락함도, 빛남도 없는 이 생활은 어떤 거짓도 용납하지 않는다. 차분해지고 소박해진다. …… 어두운 굴속으로 들어가려면, 암벽을 따라 들어가야 하기 때문에 어린양 같이 유순하고 가벼워야 한다."(21쪽)

그렇다. 여행 중에는 몸과 마음에 정직하고 양처럼 순해야 한다. 그렇지 않으면, 탈이 나고 실수를 하게 된다.

정원에서 올려다 본 수도원 숙소

코모 호수

38. 봉쇄 수도원에서의 묵상

Meditation at the monastery

이곳 코모에 온 후 매일 비가 내려서 어두운 이 수도원을 더욱 어둡고 축축하게 만들었다. 아직까지 별 탈 없이 건강했는데, 이틀 전부터 배가 아파서 아무것도 먹을 수 없었다. 어젯밤에 새로운 재속회원 올리에나가 왔다.

밀라노 종합병원에서 20년간 약사로 근무했다는 올리에나는 내 증상을 보더니 계속 비가 내린 것이 원인이라면서 약을 두 알 주었다. 그 약을 먹은 다음 날 아침에는 맑은 국물을 먹을 수 있었다.

며칠 동안 못 먹어서 기운이 없었던 나를 올리에나가 부축해서 주일 미사에 함께 가 주었다. 오른편에는 재속회원들이 앉는 자리가 있는데, 올리에나 덕분에 오늘은 그 자리에 앉았다. 거기에서는 일반 신자석에서는 볼 수 없었던 자리가 보였다.

내가 앉은 자리 정면에 큰 철창이 있고 그 안에 검은 수도복으로 온몸을 감싸고 얼굴까지 반쯤 가린 20명 정도의 수녀님들이 우리와 함께 미사에 참례하고 있었다. 이곳은 봉쇄 수도원이었던 것이다! 그래서 재속회원과 봉사자만 몇 명 있었구나! 다른 수도원과는 달리 수녀님들이 보이지 않아 좀 이상하게 생각했었다. 이 수도원을 예약해 준 아씨시의 수녀님이 일반인은 묵을 수 없는데 특별히 허락하는 것이라고 했던 말을 이제야 알게 되었다.

영성체 시간에도 수녀님들은 안 나왔다. 신부님이 철창 너머의 한 수녀님에게 성체를 주어 수녀님끼리 성체를 영하는 것이 보였다. 성가를 부르는 수녀님들의 음성이 정말 아름다웠다.

지난 주일 미사 때에는 일반석에 앉았기 때문에 철창 안의 수녀님들이 직접 성가를 부르는 줄 모르고 성가 테이프를 틀어 놓고 미사를 드리는 줄 알았다. 미사가 끝난 후, 성체 강복이 시작되자 이미 얼굴의 반을 수도복으로 가린 수녀님들이 그 위에 또 까만 천을 쓰고, 목을 흰 끈으로 감쌌다. 미사 후 올리에나가 수녀님을 면담할 때 보니, 가운데 장막을 치고 수녀님과 대화를 나누고 있었다.

나는 좀 아둔한 데가 있어서 나와 관련이 없는 일들은 눈치를 잘 못 챈다. 이곳에 온 지 일주일이나 되었는데도, 주는 대로 먹고, 정원을 거닐고, 성당에서 기도하고, 호수 주변을 다니며 사진을 찍고, 방에서 글을 쓰는 것 이외의 것들은 눈여겨보지 않았던 것이다.

매슬로(Maslow)의 '욕구 이론'을 비롯하여 인간에 대한 여러 심리학자들의 이론에는 적용되지 않는 삶을 사는 그분들은 주님께서 특별히 선택하신 분들이 아닐까? 동굴 속 은둔처에서 기도하고 평생 가난하게 옷 한 벌만 입고 생활했던 프란치스코 성인도 이곳저곳 세상 구경은 했는데, 어떻게 평생을 수도원 안에서만 살 수 있을까? 더구나 지금 이 시대에!

너무나 신앙심이 약한 나도 주님의 은총을 느끼며 감사하고 또 감사하며 살고 있는데, 저 수녀님들에게는 주님께서 얼마나 크고 특별한 은총을 주실까!

올리에나의 말에 의하면, 수도원이 창설된 이후로 수녀님들은 번갈아 가며 매일 우리가 사는 이 세상을 위해 기도하고 있다고 한다. 이 세상이 끝날 때까지 기도가 끊이지 않는다는 말이다. 이 수녀님들이 있기에 이 지구촌이 '소돔과 고모라'처럼 멸망하지 않고, 아직 건재하고 있는 것이 아닐까 하는 생각이 들었다. 신앙의 깊이에 한이 없음을 느낀다.

다시 허기를 느끼고, 무엇을 먹고 싶은 마음을 갖게 되었다. 누워 있는 동안 정신은 오히려 맑았다. 아파서 누워 있었던 사흘 동안에 오히려 나는 많은 생각을 할 수 있었다.

아무도 나의 정신세계에 영향을 주지 않고, 내 시간을 남

코모 호숫가의 두오모(대성당) 외관

에게 줄 필요도 없는, 정말 나만을 위한, 너무도 소중한 몇 개월을 부여받았다. 환갑을 바라보는 삶의 문턱에서 이러한 시간을 가져 보는 것은 행운이었다. 오로지 하느님과의 조우 그리고 마음과 몸만을 생각할 수 있었다.

천천히 '마음 – 몸 – 엄마'를 읊어 보았다. 같은 단어가 아닌가! 마음에 스쳐가는 생각들에 몰두할 수 있고, 볼 수 있고, 느낄 수 있고, 장미 향기와 라일락 향기에 취할 수 있으며, 몸의 오감을 다 발휘하고, 혹시 사고가 생길까 봐 온갖 지식을 다 동원해야 하고, 위기에는 잠재력까지 발동되는 이러한 여행은 나의 몸과 마음에 주는 선물이다.

수도원 안뜰

밀라노로 돌아오다

오늘 기차를 타고 다시 밀라노로 돌아왔다. 비가 하루종일 올 것이라는 뉴스를 듣고 걱정했지만, 날씨가 화창해서 돌아오는데 아무 문제가 없었다.

일기예보가 틀렸다! 이미 몇 개월 전에 짠 스케줄이고, 예약 날짜를 변경하면, 줄줄이 다 바꾸어야 하기 때문에 스케줄대로 강행해야만 하는 나로서는 얼마나 다행인지! 며칠 만에 허기를 느껴 중국집에서 오랜만에 맛있는 저녁을 먹었다.

주님, 감사합니다! 며칠간 못 먹어서 어지러운데다 짐을 끌고 먼 길을 가야 하는데 비가 오면 어쩌나 걱정했지만, 날씨가 좋아 잘 도착했습니다.

6월

주님, 당신은 사랑이십니다.
주님, 이 미약하고 죄 많은 제가 당신이 사랑이심을
너무 오랜 세월이 지나서야 알게 되었습니다.

40 스위스

집집마다 창문 앞에 꽃들이 놓여 있고, 새들이 지저귀고, 호수 위에 백조와 오리가 떼를 지어 다니고……. 사람이 사는 세상에 스위스보다 깨끗하고 아름다운 곳이 있을까?

내가 잠시 신세를 지고 있는 하 선생님 댁은 레만 호수 바로 앞의 모쥐(Morges)라는 곳인데, 제비가 많이 날아다닌다. 도착한 날 제비와 큰 청둥오리들이 집을 에워싸며 퍼레이드를 펼쳤다. 하 선생님 부부는 청둥오리가 그처럼 높이 나는 광경을 처음 보았다면서 아마 마리아가 온 것을 환영하는 것 같다고 해서 한참 웃었다.

저녁을 먹은 후, 호숫가로 나갔다. 노을 진 하늘에 달이 떠 있고, 호수가 노을에 물들어 붉다. 백조가 새끼들을 데리고 유유히 호수 한가운데로 가고 있다. 호숫가에서는 독일어도 들리고, 영어도 들린다. 노부부는 보이는 모습들을 카메라에 담고 있고, 젊은이들은 부둥켜안고 사랑을 표현하고, 아이들을 데리고 산책 나온 부부들은 아이들을 쫓아다니느라 바쁘다.

주님, 보니까 좋아요!

유모차에 누워 있는 아기의 큰 눈동자,
파란 하늘을 나는 하얀 새,
형형색색의 꽃과 흰 구름
호수에 떠 있는 백조,
시원하게 부는 바람(내 살갗으로 보아요.)
호숫가에서 땀 흘리며 뛰는 청년들,
호수의 물이 바위에 부딪치는 소리,
호수 앞의 산들,
호수 보며 앉아 있는 회색 나무 의자…….

소운 이한경 선생님

스위스 수도인 베른(Bern)에서 30분 정도 떨어진 거리에 있는 조핑겐(Zofingen)이라는 작은 도시에 한국인 동양화가 소운 이한경 선생님이 화랑을 운영하고 있다. 여행을 떠나오기 전 한국에서 몇 번 메일을 주고받았는데, 내가 묵고 있는 모쥐에서 두 시간밖에 안 걸린다고 하기에 선생님의 화랑(www.so-un-lee.com)을 찾아갔다.

담쟁이가 화랑을 가득 에워싸고 있었다. 회색의 모자이크 돌들과 돌 틈마다 피어 있는 초록색 생명들이 어우러져서 화랑은 마치 예술 작품 같았다. 화랑 앞의 조그만 분수와 나무 의자는 지나가는 이들에게 시원함과 안락함을 느끼게 했다.

화랑이 마침 수리 중이라 많은 작품을 볼 수는 없었지만, 선생님이 그린 동양화는 볼 수 있었다. 그분의 동양화는 색채를 넣어 밝고 현대적인 분위기를 풍기면서도 맑고 순수하게 느껴졌다. 선생님은 곧 한국에서 작품들을 전시할 계획이라고 했다. 산속 아름다운 성 안에 있는 식당에서 점심을 먹고는, 선생님이 야채를 기르는 조그만 텃밭도 둘러보

조핑겐 마을의 소운 화랑
길바닥 돌틈의 풀들

고, 선생님 댁도 방문했다.

선생님은 오래전 일이라며 순교자 성당 복구 작업(소운 선생님은 가톨릭 신자이다)에 대한 이야기를 해 주었다. 스위스의 한 성당에서 각국 순교자들의 이름을 그 나라의 문자로 새겨 넣어 순교자 성당으로 다시 복구하는 작업을 하고 있었다. 관할 교구에서 선생님에게 한국의 순교자 열 분만 한글로 새겨 달라는 청탁을 해 왔다. 선생님이 김대건 신부님을 비롯하여 열 분의 순교자 이름을 성당 문에 새겨 넣자 사례금을 주었지만 선생님은 받지 않았다. 다른 나라 사람들은 다 사례금을 받았는데, 소운 선생님만 받지 않자 관할 추기경은 선생님을 특별히 보게 되었고, 만찬에 초대했다고 한다.

여장부 같은 선생님은 정신력이 대단한 분이다. 40년 전 스위스에 처음 올 때는 간호사였지만 미술 공부를 시작하여 화가가 되었다고 한다. 그 후 작품 활동뿐만 아니라 화랑을 운영하면서 가끔씩 한국 화가들의 작품을 전시도 하여 한국 화가를 알리기도 한다.

선생님이 한글로 순교자 이름을 새겨 넣었다는 순교자 성당을 찾아보고 싶어 물으니 기억이 잘 나지 않는다고 했다. 그 성당을 꼭 찾아봐야겠다는 생각을 하며 다시 모쥐로 돌아왔다.

스위스 성당의 검소함
Frugal Swiss Church

 요즘은 긴장할 일 없이 한가로운 나날을 보내고 있다. 몇 달 만에 한국 음식을 먹고 한국어도 쓰며 호사를 누리고 있다. '베네딕도 봉쇄 수도원'에서 축 처져 있었던 몸이 이곳에 와서 충분한 휴식을 취하고 있다. 안락함과 정신세계의 추구는 반비례하는 것 같다. 고뇌하지 않고, 일하지 않고, 긴장하지 않으면, 금방 나태해지니 말이다.

 내가 묵고 있는 하 선생님 댁 근처에 있는 성당은 레만 호수에서 가까워 주변이 매우 아름답다. 성당이 자그마하고 제대도 간소하며 화려함이란 찾아볼 수 없다. 스위스 성당의 간소함과 검소함이 예수 그리스도의 십자가상과 잘 어울리는 것 같다. 이곳 스위스는 칼뱅의 영향을 받아 개신교가 많고, 예전에 웅장했던 성당의 대부분이 개신교 교회로 바뀌었다. 로잔에서 제일 오래되었다는 성당도 역시 교회가 되어 중앙 제대가 없어지고, 텅 빈 것 같은 느낌이 들었으며, 매우 어둡다. 곳곳의 성인 조각들은 망치 등으로 손상되어 있고 많은 조각이 지하실에 버려졌다고 한다.

 당시 가톨릭의 부패를 볼 때, 개신교의 등장은 충분히 이

레만호

해가 가며, 자연스러운 현상이라는 생각이 들었다. 건축이나 음악, 이데올로기, 철학 사상이나 심리학에 이르기까지, 모든 분야에서, 한쪽이 지나치게 되면 다른 무언가가 창출되고, 그러면서 인간의 역사와 문명의 발달이 이루어져 왔다는 생각이 든다.

오늘도 하루가 저물고 있다. 한밤중인 지금, 어떤 곳은 태양이 중천에 떠 있는 한낮이겠지.

Listening to Music
오랜만의 쇼핑과 음악 감상

오전에 레만 호수 근처에서 토요 시장이 열렸다. 농부들이 직접 재배하고 가꾼 해바라기, 감자, 과일 등을 팔고 있었다. 걸려 있는 옷들은 무척 저렴했다. 이런 시장에서는 남이 입었던 옷을 사는 재미가 쏠쏠하다.

오후에 TV의 클래식 채널에서 정명훈 씨가 지휘하는 비제의 '카르멘'이 연주되었다. 이어서 마스카니의 '카발리아 루스티카나'가 흐른다. 다음에 슈베르트의 곡이 흐르고······. 몇 달 동안 음악에 굶주려 있던 터라 TV에서 눈을 뗄 수가 없었다. 너무 아름다워서 들을 때마다 눈시울이 뜨거워지는 베토벤의 피아노 협주곡 5번 '황제'의 2악장이 흐른다.

오늘도 참 좋은 날, 행복한 날이다. 이렇게 음악을 너무나 좋아하고 넘치는 감성을 지니고 있기에 수도원 공동체 생활이 맞지 않아, 수도자의 길이 아닌 평범한 삶을 살아가고 있는 것이 아닐까 하는 생각이 든다.

로잔의 미술관
Museum 'art.brut'

세상에서 '아웃사이더'인 사람들의 그림이나 조각 등의 미술 작품들을 선보이는 특별 전시회가 로잔의 한 미술관('art.brut' 미술관)에서 열렸다. 일본, 미국, 독일, 벨기에, 이태리 등의 유럽 국가들과 세계 각국에서 자폐나 정신분열, 정신박약 등의 정신 질환을 앓고 있는 사람이나 죄수로 수감 생활을 한 이들의 작품들이 4층으로 된 미술관에 꽉 찼다.

작품들을 둘러보면서, 작업을 하는 동안 즐거워하고 행복해 했을 작가들을 생각해 보았다. 작품 옆에는 작가 소개가 있었는데, 거의 대부분의 작가들이 영유아기에 부모

로잔의 옛 성당의 스테인드 글라스 / 모쥐 시내

를 잃었거나 입양된, 극심한 고통을 겪으며 살았던 사람들이다.

어떤 작품들은 깜짝 놀랄 정도로 천재성이 보였다. 자폐질환의 특성인 '반복성'과 '고착'이 그림으로 승화되어 표현된, 화폭을 꽉 채운 그림들은 특히 놀라웠다. 보통 사람들이라면 지루해서 해 낼 수가 없을 것 같은 작품을 만들어냈다. 어떤 작품은, 사람들을 밧줄에 연결시켜 놓았는데 하늘의 구름들과 그 사람들을 바라보는 새들은 매우 천진난만하고 아름답게 표현되었다. 또한, 뛰어난 창작력으로 수많은 여러 형상의 십자가 모양을 그려서 작가의 신앙을 표현한 그림은, 보는 이들을 숙연하게 만들었다.

심리학자 칼 융(Carl Jung)은 말했다. 정신병이란 병이 아니고, 단지 그들의 '신화'가 다를 뿐이라고. 나는 그들의 세계와 신화를 보았다. 나와 다른 세계를 꿈꾸고, 인간 사회의 일반적인 삶에 적응하지 못한다고 우리는 그들을 '아웃사이더'라고 하지만, 그들의 삶은 분명 우리가 이해하지 못하는 영적인 다른 세계가 있다는 것을 알 수 있을 것 같았다.

Prayers with Pipe Organ

파이프 오르간 미사와 기도

오늘은 토요일 저녁 특전 미사에 참례했다. 불어 미사였다. 파이프 오르간 연주와 성악가 솔로가 있었다. '아베 베룸'을 솔로로 노래했고, 성찬 전례에서는 구노의 '아베 마리아'를 노래했다. 스위스에 온 이후 처음으로 파이프 오르간 연주와 성악가의 솔로가 있는 미사를 드린 것이다. 이태리의 '성 심플리치아노 성당'에서 슈베르트의 '아베 마리아'를 들었을 때의 감동이 다시 살아났다.

미사 중에 나누는 "평화를 빕니다" 인사가 불어로는 '뻬(paix)'라고 했다. 다른 성가들도, 한국에서 자주 부르던 성가들이어서 행복했다.

주님, 당신은 사랑이십니다. 머리로는 알고 있으면서도, 마음으로 이렇게 절절히 느낀 적이 없었습니다. 어제 미사 분위기와 신자들의 놀란 얼굴을 보고, 성악가가 이렇게 작은 성당에서 노래를 부르는 것이 흔치 않은 일임을 짐작했습니다. 당신은 무한한 사랑을 모든 이들에게 주시지요.

그러나 그것을 전혀 느끼지 못하고 불평하는 사람들도 있습니다. 프란치스코 성인은 그 누구보다도 큰 사랑을 느껴서 "주님께서 내게 주시는 은총을 다른 이에게 주셨다면 나보다 열 배는 더 잘 되었을 것"이라고 했습니다. 그래서 프란치스코 성인을 인간 중에서 당신을 가장 많이 닮은 분이라고 하지요.

주님, 이 미약하고 죄 많은 제가 당신이 사랑이심을 너무 오랜 세월이 지나서야 알게 되었습니다. 청하오니, 제가 당신의 사랑을, 당신이 사랑 그 자체이심을 깨달은 지금의 이 마음을 흔들림 없이 가슴에 안고 남은 생을 살게 해 주세요. 당신의 사랑으로 남을 사랑할 수 있도록, 프란치스코 성인처럼 자애롭고 인자한 어머니의 사랑으로 사람들을 사랑할 수 있는 은총을 주세요. 자애로움과 인자함과는 너무 멀어져 있는 저를 불쌍히 여기시어 제가 이 여행에서 성모님께 간구하는 자애로움과 인자함을 얻게 해 주세요, 주님!

주님, 저를 사랑하는 분이시여…… 당신은 제게 좋은 감성을 주셨고, 재능을 주셨습니다. 이 모든 것을 당신의 사랑을 보이는 일에 헌신하게 도와주세요.

주님, 당신께, 오로지 당신께 청하옵니다.

성당 옆 레만 호숫가의 꽃등

46 생 모리스 순교자 대성당
The Baptistery of the Basilica of the Abbey of Saint-Maurice

수소문한 결과, 소운 이한경 선생님이 한글로 순교자 이름을 새겨 넣었다는 성당이 '생 모리스 순교자 대성당'임을 알게 되었다. 나는 하 선생님 부부와 함께 지도를 들고 성당을 찾기 위해 집을 나섰다.

우리는 하 선생님 댁이 있는 모쥐에서 한 시간 반 정도 떨어진 곳에서 성당을 찾을 수 있었다. 성당은 스위스 시골의 한적한 마을에 자리하고 있었다. 커다란 산 밑에 있는 순교자 대성당은 아주 고풍스러운 옛 성당이었으며 위엄이 있었다. 성당 입구에 비치된 관광객들을 위한 5개국의 안내 책자를 보고, 이 성당이 스위스의 관광 명소 중 하나임을 알게 되었다. 성당 입구의 큰 초록색 철문 오른쪽 밑에서 순교자 열 분의 한글 이름을 찾아낸 순간, 우리는 너무 기뻐서 소리를 질렀다.

각 국의 언어로 순교자 이름을 새겨 넣은 초록색 철문은 2000년에 만들어졌다고 한다. 철문 바깥쪽에는 순교자들이 그려져 있고, 그 안쪽으로 27개국의 270명 순교자 이름 (간디와 마틴 루터 킹 목사의 이름도 볼 수 있었다)이 새겨져 있다.

순교자 대성당의 한글 순교자 이름이
적힌 철문 / 성삼성수 / 스테인글라스

이 순교자 성당은 로마네스크 양식으로 11세기에 기초를 세웠으며, 성당 내부는 1614년에 지었다고 하는데, 성당 지붕 위의 종각에 무려 49개의 종이 있었다.

성당 안쪽에 있는 세례 경당이 유명하기도 한데, 이곳에는 세 개의 큰 꽃잎 모양의 세례 성수가 흐르는 분수가 있다. 세 개의 큰 꽃잎은 성부, 성자, 성령의 삼위일체를 의미하며, 바로 그 옆 경당의 벽은 홍해를 가르는 모세, 야곱의 우물, 물을 포도주로 변하게 하는 장면의 모자이크 그림이 그려져 있다. 또한 성당 입구에서 어두운 성당 안으로 들어설 때 반짝거리며 보이는 성모님 스테인드글라스가 특히 인상적이다.

chapelle Notre-Dame de la Médaille Miraculeuse

성모님의 기적의 메달 성당

스위스에서 기차를 타고 세 시간 만에 파리에 도착, 친구 집에 여장을 풀었다. 이튿날 파리에서의 첫 방문지로 친구와 함께 '루 드박' 거리의 유명한 '성모님의 기적의 메달 성당'을 방문했다. 프랑스에서 성모님이 발현하신 곳은 루르드와 이곳, 단 두 곳뿐이라고 한다.

1830년 7월 18일, 성모님이 시골 수도원에서 허드렛일을 하는 가타리나 수녀님(1947년 성인품에 올랐다)에게 나타나시어 메달을 만들 것을 부탁하셨다고 한다. 그 후 2년 후인 1832년에 유럽을 휩쓸었던 콜레라로 2만 명 이상이 사망하는 일이 발생하여 2000개의 메달을 만들었는데, 이 메달을 착용한 사람들은 병들지 않았다고 한다. 그 후 이 메달은 '기적의 메달'이라 불리게 되었다.

성모님이 요청하신 모양 그대로 만들었다는 메달은 우리가 기도하는 묵주에 달려 있어서 흔히 볼 수 있는 조그만 메달이다. 메달 뒷면을 보면, 십자가 밑에 하트 모양이 두개 있는데 왼쪽 하트는 예수님 마음을 상징하고 오른쪽에 화살이 꽂혀 있는 하트는 성모님의 마음을 나타낸 것이라고

성모님의 기적의 메달 성당 내부
가타리나 성녀의 유해
성당 문패

한다.

 우리가 성당을 방문한 날이 마침 첫 기적이 일어났던 7월 18일이기에 마침 신부님 네 분이 집전하는 대축일 미사가 있었다. 친구는 지난 10년간 많은 사람들을 데리고 이 성당을 방문했지만 우연히 이런 특별한 날에 맞추어 온 것은 처음이라고 감격해 했다. 파리에서의 첫 미사를 이토록 아름다운 파란 성당에서 대미사로 드리게 되다니! 옆에 앉아 미사 시간 내내 감격의 눈물을 흘리는 친구와 함께 성체를 영하며, "아, 주님, 저는 당신의 사람이군요!" 하며 감읍했다.

Paris Foreign Missions Society
파리외방전교회 성당

 '성모님의 기적의 메달 성당'을 나온 우리는 초밥을 사 가지고 근처에 있는 공원 벤치에 앉아 정원에 뿌려지는 분수를 보며 점심을 먹었다. 그리고 나서 바로 옆에 있는 '파리외방전교회 성당'을 찾아가 지하의 '순교자 유물 전시관'을 둘러보았다. 그곳에는 잘 다듬어진 회색 대리석으로 만든 순교자 명단이 전시되어 있었다. 그런데 중국이나 베트

남에서 순교한 순교자들과 함께 한국에서 순교한 분들도 한글로 새겨 있었다!

김성우 29/04/1841, 김대건 16/09/1846, 이윤일 21/01/1867 등의 한국인 순교자들이 회색 대리석에 가득했다. 그리고 바로 그 옆에 순교한 파리외방전교회 소속의 프랑스 신부님들 사진이 벽에 걸려 있었다. 이외에도 김대건 신부님이 사용했던, 붓글씨로 된 성호경과 기도서 등을 볼 수 있었다.

파리외방전교회 성당을 나와 판테옹 신전을 지나서 '성주느비에브 성당'(성녀 주느비에브는 파리의 수호 성녀임)을 방문했다. 성당 안에 돌로 디자인된 난간이 인상적이었고 제대 쪽으로 들어가는 문이 돌로 된 아치형의 성문처럼 되어 있어 이태리의 성당과는 또 다른 아름다움을 느꼈다.

성당 한 구석에, "인간은 생각하는 갈대이다."라는 말로 유명한 철학자 파스칼이 1662년에 바로 이 성당에서 장례식을 치렀다는 안내문이 새겨 있다.

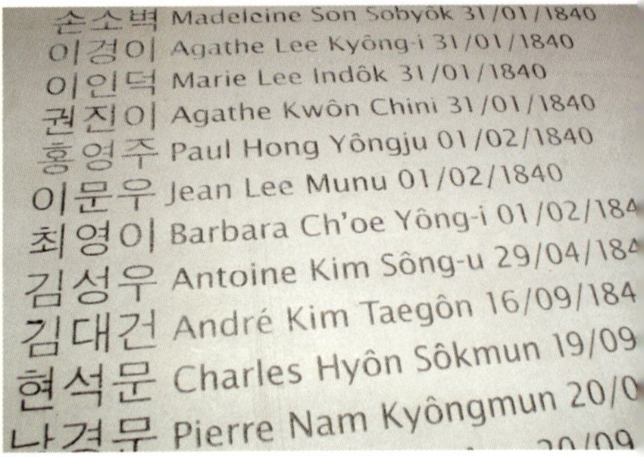

손소벽	Madeleine Son Sŏbyŏk 31/01/1840
이경이	Agathe Lee Kyŏng-i 31/01/1840
이인덕	Marie Lee Indŏk 31/01/1840
권진이	Agathe Kwŏn Chini 31/01/1840
홍영주	Paul Hong Yŏngju 01/02/1840
이문우	Jean Lee Munu 01/02/1840
최영이	Barbara Ch'oe Yŏng-i 01/02/184
김성우	Antoine Kim Sŏng-u 29/04/184
김대건	André Kim Taegŏn 16/09/184
현석문	Charles Hyŏn Sŏkmun 19/09
남경문	Pierre Nam Kyŏngmun 20/0

파리외방전교회 성당내부 / 순교자들의 참수장면
한글순교자 명단

생 제르맹 뒤프레 거리를 걸으며

Boulevard Saint Germain Des Prés

'성 주느비에브 성당'을 나와, 파리 대학의 법대 건물 위에 새겨 있는, 프랑스를 대표하는 사상이며 프랑스 삼색기의 상징인 '자유, 평등, 박애'라는 문구를 보면서 프랑스에 와 있다는 걸 실감했다.

계속 길을 따라 걷다가 "나는 생각한다. 고로 존재한다."라는 유명한 명제를 남긴 철학자 데카르트가 1644년부터 4년간 살던 집과 소설가 헤밍웨이가 한때 살던 집을 둘러보았다. 그리고 내가 좋아하는 '생 제르맹 뒤프레' 거리를 배회하며 철학자 사르트르와 보부아르 부인 등 당대의 철학자와 시인들이 드나들었다는 '마고(Les Deux Magots)' 카페로 향했다. 고층 건물은 찾아볼 수 없고 조그마한 상점과 카페만이 있는, 우아함이 느껴지는 골목골목을 구경했다. 우리나라 문화와의 차이를 생각하며 걷던 중 '마고' 카페에 도착했다. 카페로 모여드는 선남선녀들을 보면서 쏟아지는 햇빛과 이 카페가 자랑하는 따뜻한 코코아 한 잔에 우리는 행복해 했다.

카페 바로 앞에, 철학자 데카르트의 유해가 안치되어 있

성 주느비에브 성당

고, 보부아르와 사르트르가 토론의 광장으로도 이용했다는 '생 제르맹 뒤프레 성당'을 지나서 룩셈부르크 공원의 화려한 조각들과 잘 손질된 정원, 우아한 야외 음악당을 둘러보았다. 생 미셸 거리를 지나 세느 강변에 도착하니 이미 어두컴컴해졌다.

수많은 관광객 속에 묻혀 밤바람을 맞으면서 세느 강변을 거닐다가 세느 강의 다리들 중에서 가장 오래되었다는 퐁네프 다리에 앉았다. 가부좌를 틀고 앉아 세느 강의 밤바람을 맞으며 15분간 눈을 감고 명상도 했다.

발길이 닿는 대로, 마음이 가는 대로 다녔는데, 하나도 버릴 것이 없는 알찬 하루였다.

헤밍웨이가 살던 집 / 데카르트가 살던 집 / '자유 평등 박애'라고 적힌 파리 법학 대학 정문

50 성녀 마들렌 성당과 예수 성심 성당

Saint Madeleine and Sacre Coeur de Montmartre

오늘 도심 한복판에 있는 웅장한 '성녀 마들렌 성당'을 방문했다. 이 성당은 지하철역 바로 옆에 있고, 주변에 관광 명소들이 있어서 관광객들이 찾아오기 쉬운 곳이다. 성당 안은 전체적으로 어두운 편이고, 회색 대리석으로 된 조각들이 제대 앞과 왼쪽, 오른쪽의 경당을 장식하고 있다.

곧 미사가 시작된다고 했지만 시간이 없어서 잠깐 묵상만 하고는 성녀 마들렌 성당을 나온 후 파리에 있는 성당 중에 가장 유명한 몽마르트 언덕(mont; 언덕, martyr; 순교자), 즉 순교자의 언덕에 있는 '예수 성심 성당'을 찾았다. 지하철역에서 내려 성당의 뒤쪽으로 이곳저곳을 구경하며 몽마르트 언덕을 올라갔다.

몇 년 전 이곳을 방문한 적이 있었는데, 그때는 단체로 관광해서 성당을 제대로 둘러볼 수 없었다. 거대하고 웅장하면서도 아름다운 성당 정면의 계단에는 많은 관광객들이 앉아 있었고, 성당 주변에서는 아마추어 화가들이 그림을 그려 주고 있었다. 파리 시내 성당 중 가장 많은 관광객들이 오는 성당임을 알 수 있었다. 이 아름다운 성당은 파리의 성당 중 가장 높은 곳에 위치해 있어 전망도 좋았다. 성당 안으로 들어가 찬찬히 돌아보며 웅장하면서도 기품 있는 모습에 넋을 잃고 있는데, 마침 오늘이 성 마들렌 막달레나의 기일이어서 특별 미사가 시작된다고 했다.

파리 관광의 처음 시작을 '성모님의 기적의 메달 성당'에서 미사로 시작했고, 마지막 방문지인 예수 성심 성당에서 파리에서의 마지막 날을 또 이렇게 미사 참례로 마무리하게 되다니! 감사합니다, 주님!

성당 안에서는 사진 촬영이 금지되어 있었다. 그런데도 미사 중에 몰래 한 장 찍었는데 아쉽게도 잘 나오지 않았다.

51

From Paris to Swiss

파리에서 스위스로

오전에 기차를 타고 다시 스위스로 향했다. 스위스에서 파리로 올 때는 여권도 보여 주지 않았는데, 스위스로 들어가는 국경에서는 경찰관과 크고 검은 개가 기차 안으로 들어와서 자리마다 조사했다. 개는 계속 코를 킁킁거리며 객석에 앉은 승객들 곁에 가서 냄새를 맡았다. 특히 남자 승객

마들렌 성당의 외관과
중앙제대

몽마르뜨의 예수성심성당 / 성당 옆의 13세기에 지어진 성당

들은 무안할 정도로 샅샅이 조사했다. 마약을 찾는 것 같았다. 로잔을 거쳐 다시 하 선생님 댁에 도착했다.

좀 지저분하기는 하지만, 인간 창의력의 극치를 볼 수 있고 옛이야기가 많아서 마음이 가는 이태리.

카페의 천국이며, 세련된 문화와 아름다움이 공존하는 파리.

산야가 아름답고, 도시가 지나칠 정도로 깨끗하며, 사람들이 흐트러짐 없이 규칙적인 생활을 하고 있어서 젊은이들은 질식할 것 같은, 노인 인구가 많은 스위스.

스위스의 일상 중에서 내가 가장 좋아한 것은 수요일과 토요일에 서는 야시장이었다. 직접 기르는 싱싱한 야채와 과일, 색색의 아름다운 꽃들을 들고 나와서 파는 할머니와 할아버지들은 스위스를 떠난 후에도 오래도록 기억에 남을 것 같다.

마지막 여정은 이태리 남쪽의 수도원 순례이다. 이태리의 여름이 정말 덥다는데, 무거운 짐 가방을 들고, 그것도 남부를 여행할 생각을 하니 좀 걱정이 된다.

7월

수많은 세월 동안 아름다운 건축물과 조각들,
대성당들 속에서 지내다 보니 무감각해진 것이 아닐까.
명품을 만드는 사람들은 명품의 맛을
즐기지 못하는 것 아닐까?

Comeback to Italy

다시 이태리로 돌아오다

어제 스위스에서 떠날 때, 하 선생님 부부가 제네바 공항까지 데려다 주고 짐 부치는 것도 도와주었다. 그런데도 로마에 파김치가 되어 도착했다.

무척 더운 하루여서 폭염과 싸운다는 말이 실감이 났다. 발길이 닿는 대로 걷고 있었는데 정면으로 보이는 언덕 위의 큰 성당이 내 눈길을 끌었다. 자석에 끌리듯이 이 범상치 않은 성당으로 향했다. 대리석 안내문에 1502년에 고딕 양식으로 지은 '성삼위 성당'(Trinita dei monti)이라고 쓰여 있었다.

조심스럽게 성당 안으로 들어갔다. 출입문 양 옆의 경당들이 화려했다. 천상에서 들려오는 것 같은 노랫소리를 따라 제대 쪽으로 눈을 돌리니, 이 무더운 날씨에 머리부터 발끝까지 내려오는 흰 수도복을 입은 네 명의 남자 수도자와 일곱 명의 여자 수도자가 칸토(canto; 가곡이나 선율을 이르는 말)를 합창하고 있었다. 이곳은 남자와 여자가 같이 수도하는 혼성 수도원이라고 한다. 마침 새가 한 마리 날아와서 제대 쪽 대기 위에 앉았다. 정오 칸토가 끝나는 시간까지 나도 그들

성삼위 성당 / 남, 녀 수도자들의 기도하는 모습

과 같이 기도했다.

성당을 나와서 언덕 아래로 내려갔는데, 그제서야 이 성당이 유명한 '스페인 계단' 위로 보이는 그 성당임을 알게 되었다. 스페인 광장을 지나 들어가지 않고 성당 뒤쪽의 언덕 길을 오르다 들어갔기에 사진에서 봤던 성당인 줄 몰랐던 것이다.

이태리로 돌아온 이후 다시 방랑자가 되었다. 길 가다가 좋은 성당이 있으면 들어가고, 미사가 있으면 미사에 참례하고, 배고프면 먹고, 피곤하면 쉬고, 햇빛이 좋으면 걸었다. 테르미니 역에서 이틀 후 나폴리로 떠나는 기차표를 샀다. 기차표가 38유로나 된다. 밀라노에서 스위스까지 19유로였는데, 로마에서 나폴리까지는 기차로 두 시간밖에 걸리지 않는데 값은 두 배라니!

테르미니 역 근방에서 점심을 먹고, '산타 마리아 마조레 (Basilica di Santa Maria Maggiore) 성당'으로 향했다. 이태리 성당들은 워낙 천장이 높고, 아주 오래전에 대리석으로 지었기 때문에 여름에는 아주 시원하다. 그래서 더위를 피하는 데는 성당이 최고다. 성당에서 눈을 감고 앉아서 잠깐 묵상하다 보면 더위도 가신다. 마음이 평화로워지면, 몸도 고요해진다. 아주 좋은 피서법인 것 같다.

로마에서 묵고 있는 곳은 안뜰에 예쁜 정원이 있는 수도원(Suore del Buon Soccorso)인데, 높은 천장과 옛스런 열쇠, 몇 백년 전에 만든 고급스러운 가구들이 있어 우아하고 고풍스러운 곳이다. 무엇보다도 내 방 바로 옆 복도에 성당이 있어 세상에서 가장 가까이 성체를 모시고 살고 있으니 좋다!

53 성 암브로시오 대성당
Basilica dei Santi Ambrogio e Carlo, Roma

주님, 당신은 매일 최고의 선물을 주십니다. 오늘 로마의 번화가를 무심코 거닐던 저에게 이렇게 크고 아름다운 대성당을 보게 해 주시고, 미사 참례도 하게 해 주셔서 오늘은 당신을 두 번이나 모셨습니다. '그리스도를 통하여, 그리스도와 함께, 그리스도 안에서……' 이 아름답고 웅장한 대성당의 한 구석에서, 복사도 없이 신부님 한 분이 집전하는 미사에 몇 명 안되는 신자들과 함께 참례했습니다. 이렇게 더운 날씨에도 불구하고 수많은 관광객들이 북적이고 있는 성당 밖의 풍경과 이 대성당 안은 참으로 대조적입니다. 신부님이 성당 문을 잠근다고 하시니 그만 나가야겠습니다.

54. 산타 브리지다 수도원
Eremo Santissimo Salvatore - Santa Brigida

로마에서 기차를 타고 두 시간 만에 나폴리 역에 도착했다. 예약된 수도원은 택시 기사도 길을 물어가며 찾아갈 정도로 한적한 곳에 있었다. 꼬불꼬불한 산길을 따라 한참을 올라가다가 인적 없는 산등성이에 도착하자 다 왔으니 내리라고 했다. 보이는 건 커다란 철문밖에 없었는데, 주소를 확인해 보니 분명히 내가 찾는 수도원 주소였다.

택시비로 40유로를 주기로 했는데 택시 기사가 투덜거리며 45유로를 내라고 했다. 길을 찾느라 고생을 많이 한 것 같아서 50유로를 주니 무척 좋아했다. 이름이 '로사리오'라고 하기에 참 좋은 이름이라고 했더니 두 손을 모아 "하느님의 축복이 있기를 빕니다." 하며 되돌아갔다.

미국 서부 영화 〈황야의 무법자〉에 나올 법한, 황량한 산꼭대기의 큰 철문 앞에 서서 불안한 마음으로 철문 옆의 인터폰을 눌렀다. 상대방 목소리가 들려 마리아라고 했더니 큰 소리를 내며 커다란 철문이 열렸다.

어디로 가야 하는지 몰라 먼지를 온몸에 뒤집어쓰며 무작정 비포장 언덕길을 50미터쯤 구불구불 올라가니 건물이 보이기 시작했다. 검정 수도복을 입은 수녀님 한 분이 건물 안에서 "마리아!" 하며 손을 흔들었다. '아! 살았구나!'

수녀님은 먼저 숙소로 나를 안내했다. 연립주택 같은 조그만 건물이 죽 늘어서 있는데, 수녀님을 따라 그중 한 곳으로 들어가니 거실 딸린 방과 개인 정원도 있었다. 산꼭대기에 이런 곳이 있다는 사실이 도무지 믿어지지 않았다.

30분 후에 있을 기도에 참석하기 위해 성당 안으로 들어섰는데, 말할 수 없는 성스러움이 느껴졌다. 머리에서 발끝까지 내려오는 길고 검은 수도복을 입고 머리에 흰 테를 두른 20명 정도의 수녀님들이 제대 앞 좌석에서 기도를 하고 있었다. 수녀님들과 함께 묵주기도와 성모님에 대한 기도를 한 시간가량 바친 후 성체 강복이 있었다. 신부님이 성체 강복을 위한 예복을 입고 성체를 들어 강복했다. 세상에서 제일 드높이 올려진 성체였! 내 눈에서 주체할 수 없는 눈물이 줄줄 흘러나왔다.

'주님, 당신은 얼마나 저를 사랑하시기에 이 높은 나폴리 산 정상에까지 데리고 오셔서 당신을 보이십니까!'

저녁 식사는 훌륭했다. 맛있는 스프에 이어 푸짐한 생선, 시금치와 양배추가 나왔고, 후식으로는 건포도와 삶은 배에 꿀을 섞은 것이 나왔다. 이태리에 도착한 후 처음 먹는

수도원의 성당에서의 수녀님들의 묵주 기도

풀코스의 좋은 음식이었다. 저녁을 먹은 후, 날은 어두워졌지만 채소밭을 지나 수도원 끝에 있는 전망대 쪽으로 갔다. 아! 바로 밑으로 나폴리 바다가 한눈에 다 보였다. 밤하늘에 초승달과 별들, 그리고 나폴리의 밤바다 풍경이 한눈에 들어왔다!

아침을 먹고 산책을 했다. 어젯밤에는 어두워서 제대로 보지 못했는데, 밭에는 빨간 토마토와 그 위로 아직 덜 익은 초록색 포도가 주렁주렁 열려 있고, 완두콩과 피망, 양상추 등이 있었다. 수녀님들이 직접 기르기 때문에 식사 때마다 싱싱한 야채를 먹을 수 있었다.

다시 전망대 쪽으로 걸어가 한눈에 다 보이는 나폴리 바다를 내려다보니, '정말 높은 곳에 내가 서 있구나, 천상에 있는 것 같다!'라는 감탄사가 절로 나왔다. 베드로가 산에 올라갔다가 경치가 너무 좋은 곳에 이르자 예수님과 함께 좋은 집을 짓고 그냥 살고 싶다고 하는 대목이 생각났다. 그곳이 바로 이런 곳이 아니었을까 하는 생각이 들었다. '하늘 아래 천상의 낙원'이었다.

Brand Seeker, Brand Maker

명품을 찾는 사람, 명품을 만드는 사람

이곳은 시계가 필요 없는 곳이다. 큰 종과 작은 종이 15분마다 울린다. 예를 들어, 6시 15분이면 큰 종이 6번 울리고, 1초~2초 후에 작은 종이 1번 울린다. 그러다 30분이 되면 큰 종이 6번, 작은 종이 2번 울린다.

내 숙소의 정원은 캠프장을 방불케 한다. 침대보와 시트 등 이부자리가 습하고 축축해서 햇볕에 말리느라고 예쁜 정원이 어수선해졌다.

오늘도 아침 미사와 묵주기도 그리고 성체 강복에 참례했다. 신부님이 독일인인데, 차갑다. 인사해도 눈길조차 안 준다. 목소리도 좋고, 진지한 분 같아 존경하는 마음도 들었는데 좀 당황스러웠다.

이곳 수녀님들은 대체적으로 친절하다. 수녀님들마다 인사를 건네며, 불편한 것은 없는지 물어봤다. 나는 원장 수녀님에게 이곳 성당에서 무언가 강렬한 느낌을 받은 것에 대해 말했더니 사실이라고 하며 많은 사람들이 그렇게 얘기한다고 하며 벌써 그 느낌을 알아차렸느냐며 특별한 사람이라고 나를 추켜세워 줬다. 그래서 이 수도원은 나폴리의 가톨릭 신자들 대부분이(이태리는 국민의 99%가 가톨릭 신자이다) 피정을 하며 기도하고 싶어 하는 곳이라고 했다.

미리 알고 온 것도 아닌데 그 많은 수도원 중에서 어떻게 관광 엽서에도 실려 있는 나폴리 최고의 수도원에 오게 되었을까? 그저 감사드릴 뿐이다.

이태리에서 주일 미사에 참석하는 신자 수는 갈수록 줄어들고 있다고 한다. 청년미사가 따로 있는 곳도 없고 미사에 참례하는 젊은이들도 찾아보기 힘들다. 수많은 세월 동안 대성당들 속에서 지내다 보니 무감각해진 것이 아닐까. 나처럼 그 안에 살지 않았던 이방인들만이, 예술적으로 뛰어난 성당들과 인간의 천재성에 감탄하고 행복해 하는 것 같다. 명품을 만드는 사람들은 명품의 맛을 느끼지도 못하고 즐기지도 못하는 것 아닐까?

숙소식당과 침실

56. 오늘의 상념
Thoughts of the Day

빨간 토마토를 따서 먹어 보니 참 달고 맛있다. 이태리에서는 토마토가 우리나라의 젓갈이나 배추만큼이나 주된 음식 재료이다. 음식에 있어서도 색의 조화를 생각하는 사람들이기에 빨간 토마토와 하얀 모짜렐라 치즈를 접시에 함께 올려 놓는다. 그리고 이곳에서는 포도주가 물 값밖에 되지 않아 식사 때마다 포도주를 마신다.

이태리 사람들은 우리나라 사람들만큼 발 빠르게 문명의 이기를 즐기지 않는 것 같다. 내가 신제품(특히 전자 제품)을 별로 좋아하지 않아서인지 옛것을 간직하고 사는 이태리가 마음에 든다.

수도원에 있는 것 : 성당, 채소밭, 포도나무, 토마토, 완두콩, 옥수수나무, 수녀님들, 성체, 종소리.
수도원에 없는 것 : 신문, 라디오, 컴퓨터, 소음, 자동차, 전화벨 소리, 핸드폰.

누군가가 말했다. "고통이 오거나 힘든 일이 생기면, 피하지 말라. 나중에 기쁨이 오면, 남보다 몇 십 배 더 기뻐할 수 있으니!"

투덜거리는 택시 기사의 비위를 맞추며 힘들게 찾아왔기에 이곳이 더욱 좋게 느껴지는 것 같다. 숙박료와 식대가 다른 수도원에 비해 저렴한 편이라 어떤 음식이 나올지 궁금했는데, 그 어떤 수도원보다 고급스럽고 음료수(와인과 생수)도 무료이다. 오늘 점심에는 스파게티와 닭고기, 가지 볶음, 시금치 볶음, 토마토, 양상추, 그리고 후식으로 치즈애플파이가 나왔다.

수녀님들도 친절하다. 그리고 모두 같은 또래로 보이고 다들 비슷하게 생겼다. 다만 키가 작거나 크고, 얼굴이 하얗거나 검거나 정도의 느낌만 다르다. 온몸을 검정 수도복으로 가리고 얼굴만 내놓고 있기 때문일까, 아니면 수녀님 모두가 밝고 선해 보여서일까. 채소밭에서 수녀님들과 함께 완두콩을 따며, 마테우스 신부님에 대해 이야기했더니, 신부님이 원래 무뚝뚝하고, 수녀님들에게도 친절하지 않다며 마음 쓰지 말라고 했다.

여행을 하다 보면, 일본인은 좀 덜 무시하는데, 중국인이나 한국인은 인기가 없음을 알게 된다. 나는 동양인에 대해 편견을 가진 사람에게는 일부러 당당한 어투로 말할 때가 있다. 냉대를 받을 때에는 상대에게 친절하게 대해 봐야 소용없다는 걸 알기 때문이다.

그러나 프란치스코 성인은 자신이 얼마나 예수님처럼 잘 참고 견딜 수 있는지 알아보려고, 남들이 보는 앞에서 성인을 비판하고 멸시하라고 했다. 그분은 인간의 한계를 뛰어넘었고, 그래서 그리스도와 가장 많이 닮은 분이라고 불리운다. 다른 많은 수도회들은 엄격한 규칙이 있고, 아빠스(Abbas)라는 지도자가 있으며, 그래서 규칙과 위계질서를 그대로 따르면 되지만 프란치스코 수도회 영성은 정말 힘든 것 같다. '누구에게나 자애롭고 인자한 어머니의 마음으로 대하라'는 것은 인간의 한계를 넘어서는 수준이라고 생각한다.

오늘도 하루가 지나고 있다.

수도원 마당 전망대에서 내려다보이는 나폴리 시

57 *Leisure in hustle*
망중한

해가 뜨는 것을 보노라면 해가 내게 말을 거는 것 같고,
구름이 햇빛을 가릴 때도 구름이 내게 말을 건네는 것 같다.
바람도 그러하고,
나비도 나에게 몸짓하고,
사방이 고요하다.
자연 속에 있으면,
정신, 생각이 명료해진다.
은수자들이 산속에 기거하는 이유를 알 것 같다.

로피아노 공동체에서 만난, 로마에 사는 솔랑제 할머니와 연락이 닿았다. 로마에서 며칠간 그분 댁에 머무르게 될 것 같다.

58 천상에서 지상으로!

나폴리 시내를 관광하기 위해 수도원을 나섰다. C44번 버스를 타려고 기다리다가, 옆에서 버스를 기다리는 여자에게 가리발디 역까지 어떻게 가는 것이 좋은지 물어보았다. 그 여자는 환승하는 곳에서 나와 같이 내리더니 버스를 기다리는 사람들에게 안내를 부탁하고 다시 다음 버스로 떠났다. 오늘 만난 첫 번째 천사였다.

두 번째 천사는 전철을 탈 때 만났다. 도심 한가운데 있는 단테 광장으로 가는 전철은 교외선 기차와 같은 레일을 사용하는데, 이를 몰랐던 나는 하마터면 지방으로 가는 전철을 탈 뻔했다. 그런데 옆에 서 있던 여자가 전철을 갈아타는 곳까지 데려다 주겠다며 자기를 따라오라고 했다. 10분 정도를 꼬불꼬불한 통로로 같이 걸어서, 환승역인 까부르 역에 도착했다. 그제서야 그녀는 안심이 된다며 되돌아갔다. 나는 등 뒤로 "그라치에 밀레, 밀레, 씨뇨라(Grazie mille, mille, Signora; 아주머니, 너무 너무 감사합니다)." 하고 소리쳤다. 그녀는 씩 웃으며 손을 흔들고 갔다.

나폴리는 피자로 유명한 곳이다. 나폴리 항구 근처의 유명한 피자집을 찾아서 점심을 먹고, 13세기에 지은 '누오보성(Castel Nuovo)' 과 '왕궁(Palazzo Reale)'을 돌아보았다.

나폴리 시내는 수도원 전망대에서 내려다본 것과는 아주 딴판이었다. 이곳저곳 공사하는 곳이 많고 지저분하고 먼지도 많았다.

34세에 세상을 떠난, 오페라 작곡가 '벨리니'의 광장이 있다고 하여 찾아가 보았다. 광장 주변 골목이 좀 으슥해서 다시 큰 도로로 나와 무더운 거리를 걸었다. '산타 루치아 거리'에 이르자 시원한 바다가 눈에 들어오고 바닷바람이 느껴졌다.

바다 바로 옆에서 현대자동차 로고를 발견했다! 현대자동차 영업점은 휴일이라서 문을 닫았고, 바로 그 옆에 '현대카페'가 열려 있었다. 카페에서 음료를 마시며, 사진을 몇 장 찍었다.

수도원으로 돌아올 때는 첫 번째 천사가 가르쳐 준 대로, 모날디 종합병원 앞에서 버스를 갈아타고 수도원으로 왔다. 천상에서 지상으로 내려갔다가 다시 천상으로 돌아온 기분이었다.

누오보 성 / 벨리니 광장

산타 루치아

저녁을 먹은 후, 전망대에 앉아서 오늘 낮에 배회했던 '지상'의 나폴리를 찾아보았다. 오늘 걸었던 산타 루치아 거리 앞바다에 큰 유람선 한 척이 정박해 있었다. 노을이 아름다웠다. 초승달과 별들 또한 너무 아름답다.

"잔잔한 바다 위로 저 배는 떠나가고/ 노래를 부르니 나폴리라네/ 황혼의 바다 위로 저 별은 비추이고/ 물 위에 덮인 하얀 안갯속에 나폴리는 잠 잔다/산타 루치아 …… 잘 있어 …… 서러워 말아다오 ……."

고등학교 시절, 음악시간에 배운 노래 가사가 어쩜 이렇게 딱 맞아 떨어질 수 있을까!

길에서 만난 천사들, 오늘 아침부터 이 순간까지, 아니, 지난 3월 한국을 떠나는 날부터 이 순간까지가 얼마나 감사한지!

여행을 시작한 지 두 달이 지나자 아무 걱정 말고 마음이 이끌리는 대로 하면 된다는 믿음이 자연스럽게 생겼고, 그 믿음으로 매일을 살고 있다. 앞으로의 날들도, 변함없이 하루하루 마음 가는 대로 살리라 다시 한 번 다짐해 본다. 내가 혼자 사는 것이 아니라는 것을 알았기 때문이다. 하루하루, 필요한 순간에 천사를 보내 주시고, 나의 삶을 격려하시고 이끄시니, 무엇을 더 바랄 것이 있으리오.

    감사합니다! 행복합니다, 주님!

Almighty God in Old and New Testaments.
구약의 하느님과 신약의 하느님

아직도 나는 이곳 수도원의 마테우스 신부님과 한마디도 나누지 못했다. 마테우스 신부님은 미사를 집전하고 성체 강복과 기도를 할 때 온 정성을 다했다. 위엄과 권위가 넘쳤다. 특히 성체 강복 때에는 제대 주변을 향으로 정화한 후 옆의 사제에게 향을 건네고 허리를 90도 각도로 숙이면서 신부님 몸을 향으로 정화했다. 나는 지금까지 이토록 정성스럽게 성체 강복 예식을 행하는 신부님을 본 적이 없다. 독일인이어서일까? 그러나 신자에게는 냉랭한 신부님!

영성체 때에는 함께 미사를 집전하는 신부님에게 한 걸음 앞으로 나아가서 일반인에게 성체를 주도록 했다. 제대 앞 수녀님들이 앉아 있는 좌석까지 일반 신자들이 접근하지 못하게 하려는 것이다. 그래서 일반 신자들은 제대 앞까지 나갈 수 없고 성당 중간쯤에서 성체를 모셨다.

철저히, 거의 완벽하게 자신의 직무를 수행하는 신부님, 그러나 사랑은 느껴지지 않는 신부님. 자기 직무를 완벽하게 수행하는 것과 이웃에게 온정을 나누고 사랑을 전하는 일 중에 어느 것이 더 중요할까?

마테우스 신부님은 구약의 하느님을 믿는 것이 아닐까? 제대 앞의 좌석 서너 줄에는 일반인들이 서 있지도 못하게 하고, 수녀님들은 허락했는데도 불구하고 성당 내부 사진도 찍지 못하게 하는 신부님. 신부님은 두렵고 권위적인 하느님, 구약의 엄격한 하느님을 믿고 있는게 아닐까.

나의 하느님은 신약의 하느님이다. "누구든지 죄 없는 자들이 먼저 돌로 쳐라." 하고 군중에게 외치는 주님. 소외당하고, 고통 받는 이를 위로하시고, "네 믿음이 너를 자유롭게 하리라." 하고 말씀하시는 그분이 나의 하느님이시다.

평생 바깥출입도 하지 않고 오직 주님만을 위해서 사는 코모 호수의 봉쇄 수도원의 수녀님들만큼 나를 사랑하셔서 이렇게 천상 같은 곳으로 나를 이끌어 주신 주님이 아니신가.

내일 나폴리 남쪽으로 떠난다.

8월

신자들은 환한 웃음을 지으며 내게 눈인사를 건넸다.
그리고 '평화의 인사'를 나눌 때 '빠체(pace)'라고 하면서
나에게 와서 포옹을 했다.

61 카스텔라마레 디 스타비아
Castellammare di Stabia

　엉뚱한 플랫폼에서 기다리다가 기차를 놓칠 뻔했는데, 다행히 모니카의 도움으로 무사히 기차를 탔다. 모니카와 나란히 앉아서 이야기를 나누며 편안하게 가다 보니 카스텔라마레 해안가의 조그만 역에 도착했다. 역까지 마중나온 수도원 차를 타고 숙소로 갔다.

　수도원이라기보다는 대학교 분위기가 나는 곳이다. 역시 젊은이들의 성인인 돈보스코 성인의 영성으로 운영하는 곳이기에 자유롭고 편하다. 이곳에는 근처의 베수비오 화산에 대해 연구하는 고고학 전공자들이 많다. 방 안에 들어서니 창문 밖으로 한눈에 바다가 보이고, 그 옛날 화산 폭발로 유명한 베수비오 산이 보인다. 방이 밝고 아주 쾌적하다.

　이곳은 나폴리와 소렌토의 중간쯤 되는 바닷가에 위치한 마을인데 가난한 사람들이 많이 사는 곳이며 화산재로 덮였던 폼페이가 30분 거리에 있다. 숙소에서 카스텔라마레 역까지 다니는 버스가 없어서 역까지 15분 이상을 걸어야 했다. 숙소가 산언덕에 있어서 이 찌는 듯한 무더위에, 역에서 숙소로 올라오는 것이 힘들었다.

숙소에서 바라본 앞바다

마리아 마들렌 수도원 외부와 내부

Maria Maddalene
마리아 마들렌 수도원

아침에 산책하다가 수도원 앞뜰에서 같은 숙소에 묵고 있는 필로메나 부부를 만났다. 더듬거리는 이태리어로 나의 이태리 수도원 순례에 대해 말했더니, 손을 이끌며 따라오라고 했다. 나폴리에서 온 필로메나 부부와 함께 뒷산에 있는 성녀 마리아 마들렌이 창설한 수도원을 방문했다.

'마리아 마들렌 수도원' 내의 성당은 외관보다는 내부가 웅장하고 아름다운데, 성당의 출입문인 철문에 예수님과 성모님을 조각해 놓은 것이 다른 성당들과 달랐다. 필로메나 부부 덕분에 수도원 수녀님의 안내를 받으며 수도원과 성당을 꼼꼼히 돌아볼 수 있었다. 오늘의 천사는 필로메나 부부였다.

Madonna del Rosario
묵주의 성모 성당

오후에 기차를 타고 폼페이로 향했다. 폼페이 화산이 남긴 유적보다는 어제 만난 모니카가 "기적이 일어난 곳이고 특별히 아름답게 지어진 유명한 성당"이라며 꼭 가 보라고 권유한 '묵주의 성모 성당(Madonna del Rosario)'을 먼저 갔다.

성당 안으로 들어서는 순간 깜짝 놀랐다. 너무나 화려하면서도 우아해서 입이 벌어질 정도였다. 지금까지 이태리에서 본 성당들 중에서 가장 웅장하면서도 여성스러운 아름다움을 지닌, 우아한 성당이었다. 성인들과 성경의 내용을 바탕으로 그린 그림들이 가득한 천장의 각 부분들과, 아치로 된 기둥과 기둥 사이의 그림들을 보노라면 감탄사를 연발하게 된다. 모니카는 이 성당을 다녀간 많은 사람들이 은총을 받았다고 말했다.

나는 나 자신을 위해 기도했다. "주님, 성모님, 제 귀를 낫게 해 주시어 어지럽지 않게 해 주세요(나는 왼쪽 귓속의 전정기관이 약해서 어지럼증이 있다). 눈을 좀 좋게 해 주셔서 안경을 쓰지 않고 살 수 있게 해 주세요. 또 겨울이 올 때마다 염려하는 기관지를 건강하게 해 주셔서 감기의 공포에서 해방시

켜 주세요…….”

마침 미사가 시작되어 미사 참례까지 하게 되었다. 신기하게도 돌아보는 성당들마다 미사 시간이 가까워 미사를 드리는 경우가 많았다.

세계적으로 유명한 대성당들은 관광객들이 북적거려서 평화로운 마음으로 성당을 돌아볼 수 없다. 폼페이 부근을 관광하게 될 경우에는 한국인에게는 알려지지 않았지만 아름답고 웅장한 이 묵주의 성모 성당을 꼭 빼 놓지 말기를 당부하고 싶다.

'묵주의 성모성당' 천정의 한 부분의 성화

소렌토의 성 프란치스코 성당

Chiesa S. Francisco, Sorrento

소렌토!

역시 유명한 이름만큼이나 아름다운 곳이었다. "돌아오라 소렌토로……." 테너 루치아노 파바로티의 노래가 저절로 흥얼거려진다.

명품 상점들이 즐비하고, 예쁜 카페들이 나란히 늘어서 있었다. 이렇게 고급스러운 분위기가 느껴지는 상점들과 카페들은 도시를 아름답게 만드는 중요한 요소 중 하나인 것 같다.

오늘도 소렌토 역으로 가는 기차 안에서 천사 부부를 만났다. 영국에서 왔는데, 소렌토 지리에 대해 친절히 안내를 해 주어서 '타소 광장'과 중심가를 쉽게 찾을 수 있었다.

이곳저곳을 발길이 닿는 대로 걷다가 '성 프란치스코 성당'을 발견했다. 성당은 소렌토 엽서에 등장하는 유명한 해안가 옆에 있었다. 이 성당이 소렌토에서 제일 유서 깊은 성당이라고 한다. 마침 성당 안뜰에서 야외 결혼식이 진행되고 있었다. 파란 하늘 아래 하프 소리가 흐르는 초록색 잔디밭에서 검은 예복을 입은 남자 하객들과 파티 드레스를 입은 여자 하객들이, 검은 턱시도를 입은 신랑과 하얀 레이스로 만든 아름다운 드레스를 입은 신부를 지켜보고 있다. 늘어진 나뭇가지와 중세기 때의 성당 건물이 어우러져, 마치 달력에서나 볼 수 있었던 광경이 눈앞에 펼쳐졌다.

성당 바로 앞 바닷가에는 가족과 함께 온 많은 사람들이 수영을 즐기고 있었다. 비치파라솔이 즐비하고 날씨도 무척이나 더워서, 나도 물속으로 뛰어들고 싶었다.

이토록 아름다운 세계적 휴양지인 소렌토에 왔는데, 이 더운 날씨에 수영 한번 못하다니! 누군가와 같이 첨벙첨벙 물장구라도 치고 싶은 마음이 간절했다. 혼자라는 것이 무척이나 아쉬웠다.

성 프란치스코 성당의 외관, 내부 성상들, 성당에서 보이는 바다

Mass offerings
미사 예물

 요즘은 더워서 오후 7시에 있는 매일 미사를 성당이 아닌 수도원 테라스에서 지낸다. 이곳에서 미사를 집전하는 70대로 보이는 신부님은 아주 마음씨 좋은 옆집 아저씨같이 생겼다. 하루는 미사 성찬 전례 때, 약 30명의 신자들에게 성체를 나누어 준 신부님이 남은 성체들을 다 드셨다. 처음 보는 광경이었다. 나도 주님의 성체를 한꺼번에 다 모셔 봤으면! 남은 성체를 신자들이 보는 앞에서 다 드시는 신부님을 보는데, 웬일인지 눈물이 났다.

 다음 날 저녁 미사 직전에 '지난 몇 달간의 긴 여행을 무사히 마친 것에 대해 주님께 감사드리고 싶다.'라는 내용의 편지와 함께 미사 예물 20유로를 봉투에 넣어 신부님에게 드렸다.

 미사가 시작되자 신부님이 입장하면서 "오늘 미사는 꼬레아(한국)에서 와서 몇 개월간의 수도원 순례를 마치고 내일 로마로 돌아가는 마리아가 주님께 감사를 드리는 미사이며, 남은 일정도 무사히 잘 마치고 고국으로 돌아갈 수 있기를 주님께 기도하자."라고 했다. 나는 좀 당황스럽기도 하고 쑥스럽기도 했다. 신자들은 놀란 얼굴로 환한 웃음을 지으며 내게 눈인사를 건넸다. 그리고 '평화의 인사'를 나눌 때 '빠체(pace)'라고 하면서 나에게 와서 포옹을 했다. 나는 너무 감격스럽고 고마워서 눈물이 났다. 미사가 끝난 후, 신자들이 다시 포옹하며 잘 가라고 했다.

저녁 식사 때, 신부님이 5단짜리 묵주와 1단짜리 작은 묵주를 선물로 주었다. 그리고 "한국인들이 얼마나 열정적인 신앙을 지녔는지 알고 있다."라고 하면서, 한국인에 대해 찬사를 아끼지 않았다. "되를 주고 말로 받는다."라는 우리나라 속담이 바로 이것이 아니겠는가!

행복했다. 아침에 갑자기 이곳에서 감사 미사를 드리고 싶어졌는데, 그런 마음이 들게 해 주신 주님께 감사드린다. 주님, 사랑합니다.

숙소 뒤로 보이는 전경

로마의 솔랑제 할머니

Solange's grandmother

다시 로마로 돌아왔다. 예약된 수도원에 나머지 짐들을 맡겨 놓고 큰 가방 하나만 들고 포콜라레 공동체에서 만난 솔랑제의 할머니 댁을 찾아 나섰다.

찌는 듯한 불볕더위에 짐 가방을 들고 30분간 헤매다가 겨우 할머니 집을 찾게 되었다. 엘리베이터가 없어서 가방을 들고 3층까지 땀을 뻘뻘 흘리면서 올라갔다.

할머니가 무척 교양이 있고 친절했다. 점심으로 스파게티도 만들어 주고, 이것저것 시중도 들어 주었다. 할머니 연세가 92세임을 알고 깜짝 놀랐다. 할머니에게 72세인 줄 알았다고 했더니, 좋아하면서 내 나이를 물었다. 할머니도 깜짝 놀라며 내가 35세쯤 되는 줄 알았다고 했다. 할머니와 나는 깔깔 웃으며, 서로 35세와 72세라고 하기로 했다. 나는 이태리어를 몰라 아주 기본적인 말만 할 수 있고, 할머니는 영어를 못하지만, 우리는 많은 이야기를 나누었다.

할머니 집에 내가 좋아하는 옛 영화 중 하나인 〈로마의 휴일〉(내 또래 중에 이 영화를 좋아하지 않는 사람은 없을 것이다)의 장면들이 담긴 2009년 달력이 걸려 있었다. 알고 보니 할머니 남편은

솔랑제 할머니와 솔랑제

1950년에 이 영화를 찍은 사진 작가였다고 한다. 달력 겉표지에 '윌리엄 와일러' 감독과 함께 '어거스토 지오반니' 필름이라는 할머니 남편 이름이 인쇄되어 있었다. 당시 할머니는 30대였고, 배우 그레고리 펙과 악수도 했다고 자랑했다. 잘 생겼느냐고 물으니 아주 잘 생겼다고 해서 또 한바탕 웃었다. "우리 아버지 별명이 한국의 그레고리 펙이고, 배우 그레고리 펙을 참 좋아하세요."라고 말하니(우리 아버지는 키가 182센티미터나 되는데다 얼굴도 잘 생겨서 붙여진 별명이다) 아버지에게 드리라며 새 달력을 꺼내 주었다. 내 몫으로도 책상에 놓을 수 있는 자그마한 〈로마의 휴일〉 달력을 함께 주었다.

할머니와 나는 〈닥터 지바고〉와 〈바람과 함께 사라지다〉 등, 좋아하는 영화들에 대해 이야기했고, 교황 요한 바오로 2세와 현재의 베네딕토 교황에 대해서도 이야기를 나누었다. 92세 할머니의 교양과 총기, 지혜롭고 품위 있는 모습을 보고 문득 '나도 92세 때 할머니와 같은 모습이 되어 있었으면…….' 하고 생각하다가 아무리 고령화 시대라 해도 그때까지 내가 살아 있을 리 없을 것 같아 생각을 접었다.

이튿날, 날씨가 너무 덥고 할머니가 나 때문에 너무 고생하는 것 같아 오후에 수도원으로 돌아가기로 했다. 마침 TV에서는, 포르투갈의 파티마에서, 내가 밀라노에서 보았던 그 '파티마의 성모님'을 모시고 예식을 하는 중계방송을 했다. 할머니와 나는 TV를 보면서 묵주를 제각기 들고 "아베마리아 그라치아 플레나…… 산타마리아 아모레 미오……." 하고 묵주 기도를 바쳤다. 잠시 후 할머니의 손녀이자 포콜라레 공동체에서 만났던 솔랑제가 들어왔다. 그녀를 다시 만나게 되어 기뻤고, 또 이렇게 할머니와 지내게 해 주어서 무척 고마웠다. 나는 솔랑제와 함께 그녀의 자동차를 타고 수도원으로 돌아왔다.

참 특별한 할머니와 함께한 하루였다. 92세의 할머니와 마음이 통할 수 있는 친구가 될 수 있다니! 날씨가 덥지만 않았으면 며칠 더 있었을 것이다. 할머니와의 짧은 시간이 정말 아쉬웠다.

프라테르나 도무스 수도원

내가 묵는 수도원은 유명한 관광지인 '나보나 광장' 바로 옆에 있어서 관광하기에는 최상이었다. 그런데 처음 배정받은 방은 햇빛이 안 드는 방이었다. 나에게 처음 방을 안내한 수녀님은 얼굴도 예쁘고 인상도 좋은데 동양인에 대한 편견이 가득한 것 같았다. 도저히 수도자라는 느낌이 들지 않았다. 나를 작고 음습한 구석방들로만 안내를 해서 14호에서 8호로, 다시 10호 방으로 옮겨, 결국 수도원에서 제일 따뜻하고 좋은방에 묵게 되었다. 원장 수녀님을 찾아가 특별히 부탁해서 제일 따뜻하고 쾌적한 방을 받은 것이다.

대개의 수도원은 돌집인데다 창문이 작고 춥기 때문에, 해가 많이 들어오는 남향이 아니면 기관지가 약한 나에게는 큰 문제였다. 그래서 항상 수도원에 도착하자마자 따뜻한 방을 얻기 위해 최선을 다했다.

이 수도원은 이름만 수도원이지, 영리가 목적인 여느 숙박 시설과 다름이 없었다. 방 값은 나폴리의 두 배가 넘고 한 끼 식사가 14유로, 우리 돈으로 거의 2만원이나 된다. 아침은 무료이지만, 딱딱한 빵 한 조각과 커피 한 잔이 전부다. 역시 로마구나! 나는 저녁 식사만 수도원에서 먹기로 했다.

68 성 아우구스티노 대성당

Basilica S. Augustine-Rome

오늘은 성모 승천 대축일이다. 내가 묵고 있는 수도원에 성당이 있기는 하지만 오랫동안 사용하지 않아서 아름다운 성당이 곰팡이 냄새로 가득하다. 대축일 미사에 참석해야겠기에 수녀님에게 물으니, 수도원에서 5분 거리에 수녀님들이 매일 미사를 드리는 주교좌 성당이 있다고 했다.

가까운 곳이지만 거리 구경도 할 겸, 한 시간이나 일찍 수도원을 나섰다. 그런데 웬일인지 수녀님이 알려 준 성당을 찾지 못하고 헤매게 되었다. 아무 성당에서나 드리자고 생각하며 눈에 띄는 성당으로 들어갔다. 그러나 성당 문이 잠겨 있었다. 그곳 경비원이 설명하기는 했지만 무슨 말인지 알아듣지 못해서 수도원으로 되돌아와 위치를 다시 물었다. 이번에는 다른 길로 갔는데, 길가에 또 큰 성당이 보였다. 그런데 미사가 금방 끝났는지 신자들이 막 밖으로 나오고 있었다.

찌는 듯한 날씨로 인해 이미 지칠 대로 지쳐 '하느님도 내가 노력한 걸 알아 주시겠지? 그냥 이 성당에서 묵상만 하고 돌아가자.'라는 생각을 했다. 그 순간, 오늘 미사 참례를 못하게 무언가가 방해하는 것 같은 느낌이 갑자기 들었다. 그래서 마음을 바꾸어 '지금 나를 방해하는 거지? 나는 오늘 미사에 꼭 참석할 거야. 꼭 성당을 찾고 말 거야.'라고 굳게 다짐했다. "나는 미사에 꼭 참례한다."라고 중얼거리며 지나가는 행인에게 길을 묻고 또 물어서, 길을 헤맨 지 40여 분 만에 바로 옆 골목에 있는, 수녀님이 알려 준 대성당을 발견했다. 수녀님 말씀대로 5분 거리에, 정말 가까운 곳에 있었는데, 그토록 못 찾았다는 것이 참 이상했다.

성당을 찾아 미사를 드리게 되었다는 안도감과 함께, 무언가와 싸워서 이겼다는 자부심이 들었다.

성당을 올려다보니 '성 아우구스티노 대성당(Basilica S. Augustine)'이라고 쓰여 있었다. 밀라노의 '성 암브로시오 성당'만큼이나 아주 오래된 느낌이 들었는데, 16세기에 지어졌다고 안내문에 쓰여 있었다.

온몸이 땀으로 젖은 채 성당 안으로 들어서니 제대 왼쪽

성 아우구스티노 대성당 / 성 모니카 유해 / 대축일 미사를 위해 성당 중간에 마련된 임시제대

경당에 성녀 모니카 유해가 모셔져 있었다!

우리 아버지 세례명이 아우구스티노이고, 돌아가신 어머니가 모니카인데….

그리고 오늘은 나, 마리아의 대축일이다.

이게 어떻게 된 일인가?

아! 마리아가 아우구스티노 아버지와 어머니 모니카의 유해를 모시고, 미사 참례를 하는구나! 성모 승천 대축일에!

오늘 어머니 아버지를 모시고 여행의 마무리를 하는구나!

그래서 사탄이 방해를 했구나!

그 방해를 이겨낸 기쁨이 너무도 크고, 여행 중 힘들었던 일들, 만감이 교차하고 모든 것이 뒤범벅이 되어 엄마 앞에서 우는 어린 아이처럼 하염없이 울었다.

성모 승천 대축일인데, 겨우 10여 명 남짓의 신자들만이 미사에 참례했다. 모니카 유해 앞에 '모니카의 기도문'이 있었는데, "아직도 갈 길을 찾지 못하고 방황하는 자녀들을 위해 특별히 드리는 기도"라고 쓰여 있었다.

성 아우구스티노의 어머니인 성녀 모니카는 아들을 위해 20여 년간 기도했고, 드디어 33세의 아우구스티노 성인이 세례를 받은 해에 어머니 성녀 모니카가 돌아가셨다고 한다.

다행히도 건강하고, 착하고 활달한 내 딸 데레사를 생각하며, 미국에서 매일 숨 쉴 틈 없이 바쁜 하루하루를 사는 하나뿐인 내 딸을 위해 묵상하며, 돌아가신 어머니 모니카를 생각하며 기도를 드렸다.

성당 문지기가 성당 문을 닫는다고 성당 문 앞에 서서 나를 기다릴 때까지 나는 성녀 모니카 유해 앞에 앉아 있었다.

은총이 가득한, 축복받은 오늘이여, 영광이 성부와 성자와 성령께, 처음과 같이, 이제와 항상, 영원히, 아멘!

S. Antonio da Padova

성 안토니오 성당

지난 3월에 로마에 도착했을 때 도움을 준 바오로 수사님께서 내가 힘들어 보이지 않고 오히려 훨씬 좋아 보인다고 무척 기뻐하셨다.

수사님과 점심을 먹고, 한국 '프란치스코 작은형제회' 수사님들이 유학하고 있는 '성 안토니오 신학대학교' 구내 성당인 '파도바의 성 안토니오 성당(S. Antonio da Padova)'을 방문했다. 도착 첫날에 이곳을 방문했지만, 밤늦은 시간이라 학교를 돌아볼 수 없었다. 대학교 기숙사에는 바오로 수사님을 비롯하여 유학을 온 한국인 수사님들이 묵고 있었다.

'성 안토니오 성당'은 프란치스코 수도회다운 검소함과 편안함이 느껴지는 곳이다. 화려하지 않고 검소하면서도 위엄이 깃들어 있다. 수사님의 안내로 제대 옆, 나무로 만든 가대에 앉아서 이 자리에 있기까지의 일들을 떠올리며 묵상하는 아주 귀한 시간을 가졌다.

수사님이 벽의 성화 하나하나에 대해 자세히 설명해 주고는 성당 2층으로 안내했다. 현재 2층은 사용하지 않고 있으며, 한국에서 온 평신도로서는 처음으로 2층을 보는 것이라고 귀띔해 주었다. 이층에서 내려다보이는 성당 제대와 신자석 등이 아래층에서 보는 것과는 다른 느낌이 들었다. 2층 창문 하나하나에 성 프란치스코 형제들의 모습과 이름이 한 명씩 스테인드글라스로 장식되어 있었고, 성가대 자리는 사용하지 않아서 뽀얗게 먼지가 쌓여 있었다. 수사님은 기숙사의 식당을 비롯하여 다른 곳도 안내해 주었다.

성 안토니오성당 이층에서 찍은 중앙제대

성심 성당

 며칠 전 테베레 강 근처를 산책하다가 카부르 다리 옆 강가에서 작지만 우아하고 아름다운 성당을 발견했다. 지나가던 관광객마다 그냥 지나치지 못하고 이 아름다운 성당을 사진에 담아 내고 있었다. 베이지색의 화려하면서도 차분해 보이는 이 성당 입구에는 '성심 성당(Chiesa del Sacro Cuore del Suffragio)'이라고 쓰여 있었다. 성당 내부를 구경하려고 몇 번을 방문했지만 번번이 문이 잠겨 있었는데, 일요일 주일 미사 때에만 성당을 개방하고 있었다.

 드디어 오전 10시 주일미사를 성심 성당에서 드리게 되었다. 한국으로 떠나기 전의 마지막 주일 미사였다. 10명가량의 신자들이 기타 반주에 맞추어 부르며 미사가 진행되었다. 내가 알고 있는 성가들이고, 신자들도 별로 없어서 일부러 크게 성가를 불렀는데, 신부님과 신자들이 참 좋아했다. '파체(Pace)' 하며 서로 평화의 인사를 나눌 때에는 참석한 신자 모두와 악수를 나누었다.

 미사가 끝난 후 이 아름다운 성당 제대 위의 예수 성심상을 올려다보며, 서울 원효로에 있는 나의 모교 '성심 여자

중·고등학교' 내의, 명동 성당을 축소해 놓은 듯한 자그마하고 예쁜 모교의 성당과 비교해 보며 추억에 잠겼다.

성녀 모니카 유해와 함께 성모 승천 대축일 미사를 드린 성 아우구스티노 대성당.
'성 안토니오 신학대학교'의 '성 안토니오 성당',
마지막 주일 미사를 드린 '성심 성당',
나의 육체적 출생 근원과,
나를 이 순례 여정으로 이끈 프란치스코 수도회의 영성과
나의 학창 시절 배움의 터전이었던 예수 성심.

미리 완벽하게 계획한 것처럼, 이렇게 세 곳에서 이번 여행의 마침표를 찍게 되었다.

하느님!
감사합니다!

테베레강 근처의 성심성당

이태리 중부
central Italy

아씨시(Assisi) - UMBRIA 주

Monastero S. Andrea

Vicolo S. Andrea 5 06081 Assisi (PG) / Tel : 075-812-274
Fax : 075-816-262 / E mail : monastero_s_a_fmgb@tiscali.it

위 치 성프란치스코 대성당 옆 'Via(보통 길을 뜻함) Cardinale' 언덕을 조금 올라가다가 오른편에 "Vicolo(좁은 길을 뜻함) S. Andrea"라고 쓰인 팻말을 따라 좁은 골목길로 들어가면 수도원 철문이 보임. 전망이 아주 좋음. 성프란치스코 대성당에서 약 50미터 거리에 위치하고 있음.
수용시설 40실 / 1인실, 2인실, 3인실. 방마다 화장실 딸림, 엘리베이터 있음.
숙 박 비 (세끼) 식사 포함 45유로
통행금지 밤 10시
찾아가는 길 아씨시 역에 내려서 버스로(버스 요금: 1유로) 성 프란치스코 대성당 바로 옆의 포르타 산 피에트로(Porta San Pietro)에서 하차 후 걷거나 아씨시 역에서 택시 이용.

Casa Maria Immacolata

Via San Francisco 13 06081 Assisi (PG) / Fax : 075-816-258
Tel : 075-812-267, 075-815-5233(데레사 수녀, 한국인)

위 치 아씨시 중심부에 있는 프란치스코 거리(Via Francisco)에 위치함.
수용시설 50실 / 1인실, 2인실, 3인실. 방마다 화장실 딸림. 엘리베이터 있음.

| **숙 박 비** | 조식 포함 : 25.50유로 / 조식과 중식 포함 : 40유로

(세끼) 식사 포함 : 47유로
통행금지 밤 10시
찾아가는 길 아씨시 역에서 내려 버스로 성 프란치스코 대성당 바로 옆의 포르타 산 피에트로에 내려서 걷거나 아씨시 역에서 택시를 이용.

Monastero di Santa Brigida di Svezia

Via Moiano 1　06081 Assisi (PG) Italy
Tel : 075/812693 / Fax : 075/813216
Email : s.brigida.assisi@libero.it / www.brigidine.org

위　　치 아씨시 중심부에 위치하고 있어 관광하기 편함.
수용시설 18실 / 1인실, 2인실, 3인실. 방마다 화장실 딸림.
성당과 주차장, 수도원에 딸린 정원 있음.
숙 박 비 조식과 중식 또는 석식 : 43유로 / 세끼 식사 : 55 유로
통행금지 밤 10시
찾아가는 길 아씨시 역에 내려서 버스를 타거나 택시를 이용.

Assisi Garden

Via San Pietro Campagna 154   06081 Assisi(PG) Italy
Tel : 075/812328 / Fax : 075/8155300
Email : info@assisigarden.it / www.assisigarden.it

위　　치　아씨시 중심부 동쪽의 마태오티 광장(Piazza Matteotti) 부근에 위치함.
수용시설　80실 / 1인실, 2인실, 3인실. 방마다 화장실과 TV 딸림.
　　　　　성당과 주차장, 정원 있음.
숙 박 비　조식 포함 1인실 : 50유로 / 2인실 : 34유로
　　　　　조식과 중식 또는 석식 : 65 유로 / 세끼 식사 : 80 유로
통행금지　밤 10시
찾아가는 길　아씨시 역에 내려서 버스를 타고 마태오티 광장(Piazza Matteotti)에서 하차.

Domus Pacis Assisi

Piazza Porziuncola 1   Frazione di Santa Maria degli Angeli
06088 Assisi(PG) Italy
Tel : 075/8043530 / Fax : 075/8040455
Email : domuspacis@assisiofm.org / www.domuspacis.it

위　　치　아씨시 역에서 800m 거리에 있음
수용시설　190실 / 1인실, 2인실, 3인실. 방마다 화장실과 TV 딸림.
　　　　　레스토랑, 600명을 수용할 수 있는 카페테리아, 회의실, 주차장, 유아방, 피크닉을 할 수 있는 공간 있음.
숙 박 비　조식 포함 1인실 : 41-57유로 / 2인실 : 36-52유로(세끼 식사 가능)
찾아가는 길　아씨시 역에서 걷거나 택시 이용.

로마(Roma) - LATIUM 주

Fraterna Domus

Via Monte Brianzo 62   00186 Roma (RM) Italy / Fax : 06/6832691
Tel : 06/6880 2727 06/6880 5475 / Email : domusrm@tin.it

위 치	나보나 광장(Piazza Navona), 판테온(Pantheon)과 스페인 계단 (Spanish steps)에서 도보로 5~10분 거리. 관광하기 좋은 위치임.
수용시설	30실 / 1인실, 2인실, 3인실. 방마다 화장실 딸림.
숙 박 비	조식 포함 1인실 : 52유로 / 2인실: 82유로 / 3인실 : 102유로 중식 또는 석식 포함 : 14유로
찾아가는 길	로마의 테르미니(Termini) 역에서 70번 버스를 타고 나보나 광장에서 하차. 또는 티부르티나(Tiburtina) 역에서 492번 버스를 타도 됨.

Casa per Ferie Santa Maria alle Fornaci

Piazza Santa Maira alle Fornaci 27   00165 Roma (RM) Italy
Tel : 06/3936 7632 / Fax : 06/3936 6795
Email : cffornaci@tin.it / www.trinitaridematha.it

위 치	베드로 대성당 남쪽에 위치. 도보로 대성당을 갈 수 있는 거리.
수용시설	108실 / 1인실, 2인실, 3인실. 방마다 화장실 딸림. 숙박료에 포함된 조식 외에는 식사 제공 안 됨.
숙 박 비	조식 포함 1인실 : 55유로 / 2인실: 85유로 / 3인실 : 120유로
찾아가는 길	로마의 테르미니 역에서 64번 버스를 타고 성 베드로(San Pietro) 역에서 하차.

Centro Diffusione Spritualita

Via dei Riari 43/44   00165 Roma(RM) Italy
Tel : 06/6861296, 06/68806122 / Fax : 06/68307975

위 치	테베레 강 중심부에 위치. 베드로 대성당까지 도보로 15분 거리.
수용시설	1인실, 2인실, 3인실. 성당과 예쁜 정원이 딸려 있음.
숙 박 비	조식 : 35유로 / 두끼 식사 : 46유로 / 세끼 식사 : 54유로
찾아가는 길	로마의 테르미니 역에서 64번 버스를 타고 산토스피리토 병원 (Santo Spirito Hospital)에서 내린 후, 다시 280번 버스를 타고 가다가 룽고테베레 파르네시나(Lungotevere Farnesina) 또는 일카르체레(Il Carcere)에서 하차.

Ostello Marello

Via Urbana, 50,   00184 Roma(RM) Italy
Tel : 06/4825361, 06/4882120 / Email : hostelmarello@yahoo.it

위 치	테르미니 역이 가깝고, 산타 마리아 마조레(Santa Maria Maggiore) 대성당에서 10분 거리. 숙소 바로 옆에 지하철 까부르(Cavour) 역이 있음. 리퍼블릭 광장, 포로로마노 등을 걸어서 갈 수 있는 거리.
수용시설	10실 / 2인실, 3인실. 아래층은 젊은이들을 위한 오피스텔이고 위층이 수도원 객실임, 화장실 딸린 방도 있음. 주방이 있어 간단한 요리 가능. 엘리베이터가 없어 짐이 많은 사람은 불편함.
숙 박 비	50 유로 / 식사 제공 안 됨.
찾아가는 길	까부르 거리 다음 골목인 우르바나(Urbana) 골목에 위치. 지하철 까부르 역(B선)에서 하차.

Suore del Buon Soccorso

 Via degli Artisti 38   00187 Roma(RM) Italy / Tel : 06 488 52 59

위　　치　스페인 광장에서 10분 거리에 위치. 보르게제(Borghese) 박물관 부근이어서 관광하기 좋은 위치.

수용시설　15실 / 1인실, 2인실. 화장실이 딸림. 안뜰에 정원이 있고, 조그만 엘리베이터가 있음. 식사 제공 안 됨.

숙　박　비　45유로(조식으로 간단한 빵과 커피 제공)

찾아가는 길　지하철 바르베리니(Barberini) 역에서 200미터 거리에 위치.

보카 디 마그라(Bocca di Magra)
- LIGURIA 주

Monastero di Santa Croce del Corvo

Via Santa Croce 30 19030 Bocca di Magra (SP) Italy
Tel : 0187-60911 / Email : infor@monasterosantacroce.it
Fax : 0187-6091333 / www.monasterosantacroce.it

위 치	아름다운 리구리아 주의 보카 디 마그라 마을에 위치함. 앞으로 바다가 보이고 수도원 뒷편에는 산이 있어 아름다움.
수용시설	92실 / 86실은 화장실이 딸림. 1인실, 2인실, 3인실 등 다양하다. 200명이 사용할 수 있는 식당 있음.
숙 박 비	(세끼) 식사 포함 : 54유로
통행금지	여름 : 밤 11시 30분 / 겨울: 밤 10시 반
찾아가는 길	기차를 타고 오다가 사르자나(Sarzana) 역에서 내려 택시를 타고 보카 디 마그라 방향으로 옴.

제노바(Genova) - LIGURIA 주

Abbazia di Nicolo del Boschetto

Via del Boschetto 29 da Corso Perrone 16151 Genova(GE) Italy
Tel : 010/7490815 Fax : 010/7490815

위   치 이태리의 항구 도시들 중 아름답기로 유명한 제노바에 위치.
1300년에 지음.
수용시설 20실 / 1인실, 2인실, 3인실.
숙 박 비 25유로.
찾아가는 길 제노바 프린치페(Genova-Principe) 역에서 내려서 18번이나 1번, 혹은 2번 버스를 타고 코르닐리아노(Cornigliano)의 마쎄나 광장(Piazza Massena)에서 다시 63번 버스를 타고 수도원 바로 앞에서 하차.

밀라노(Milano) - LOMBARDY 주

Monastero S. Benedetto

 Via F. Bellotti 10 20129 Milano / Tel : 02/798739
Fax : 02/799495 / Email : benedettineap.milano@tiscali.it

위 치 쇼핑 거리로 유명한 부에노스 아이레스 거리 부근이며 밀라노 동북부에 있어 관광하기 좋음. 식사 가능.
(밀라노 중심부의 수도원에 대한 정보는 없음. 이 수도원은 코모 호수의 베네딕도 봉쇄 수도원 수녀님이 일러 준 수도원임.)

베니스(Venezia) - VENETO 주

Istituto Ciliota

 Istituto Ciliota   San Marco 2976   30124 Venice(VE) Italy
Tel : 041/5204888 / Fax : 041/5212730

위　　치　산 마르코(San Marco) 광장 부근에 위치.
　　　　　(6월부터 9월까지 일반인을 위해 개방하고 있음.)
수용시설　72실 / 1인실과 2인실. 에어컨, 전화, 미니 홈바 딸림.
숙 박 비　조식 포함 1인실 : 50-80유로 / 2인실 : 80-130유로
찾아가는 길 82번 페리를 타고 가다가 산 사무엘(San Samuele)에서 내리거나
　　　　　1번 페리 타고 가다가 산 안젤로(Sant' Angelo)에서 내림.

Casa Cardinal Piazza

Cannaregio-Fondamenta Contarini, 3539/A   30121 Venice(VE) Italy
Tel : 041/721388 / Fax : 041/720233 / E-mail : casacardinalpiazza@libero.it

위　　치　베니스의 피정 장소로 많이 알려진 수도원으로 각 종교의 지도자
　　　　　들 회의가 빈번한 곳임.
수용시설　1인실과 2인실, 3인실. 방마다 화장실 딸려 있음.
숙 박 비　조식 포함 1인실 : 50유로 / 2인실 : 80유로
통행금지　밤 11시
찾아가는 길 52번이나 42번 페리를 타고가다가 마돈나 델 오르또(Madonna
　　　　　dell'Orto)에서 내림.

Domus Cavanis

Dorsoduro 896   30123 Venice(VE) Italy / Tel : 041/5287374
Fax : 041/5280043 / Email : info@hotelbellearti.com

위　　치　산 마르코 광장에서 10분 거리.
수용시설　70실 / 1인실과 2인실, 3인실, 화장실 딸림. 전화, TV 있음.
숙 박 비　조식 포함 1인실 : 65유로 / 2인실 : 110유로
찾아가는 길 베니스 역에서 하차, 도보로 15분 거리. 또는 1번이나 52번, 혹은 82번 페리를 타고 자테레(Zattere)에서 하차.

Domus Civica

Quartiere San Polo San Rocco 3082   30125 Venice (VE) Italy
Tel : 041/524016-721103 / Fax : 041/5227139
Email : info@domuscivica.com / www.domuscivica.com

위　　치　로마 광장(Piazzale Roma)과 산타 루치아(Santa Lucia) 역과 가까운 유스호스텔 같은 수도원.
수용시설　100실 / 1인실과 2인실, 3인실. 공동 화장실을 이용하지만 방마다 세면기 있음.
숙 박 비　1인실 : 30유로 / 2인실 : 28유로
통행금지　밤 10시 30분 – 오전 7시
찾아가는 길 산타 루치아(Santa Lucia) 역이나 로마 광장 근처에 위치함

베로나 (Verona) - VENETO 주

Centro Monsignor Carraro

Lungadige Attiraglio 45   37124 Verona(VR) Italy
Tel : 045/915877-915423 / Fax : 045/8301929
Email : info@centrocarraro.it / www.centrocarraro.it

위   치   베로나(Verona) 중심가에서 3km 거리. 1965년에 지은 건물이며 피정이나 묵상하기 좋은 곳임.
수용시설   88실 / 1인실과 2인실. 방마다 화장실 딸림. 전화, TV, 인터넷 사용 가능. 성당, 회의실, 운동 시설 있음.
숙 박 비   1인실 : 41-45유로 / 2인실 : 30-34(1인당)유로
통행금지   새벽 1시
찾아가는 길   베로나 역에서 내려서 22번 버스를 타고 종점인 빌라 몽가(Villa Monga)에서 하차 후 도보로 1km.

피렌체(Firenze) - TUSCANY 주

Villa Agape

 Via Torre Gallo, 8/10   50125 Florence(FI) Italy / Tel : 055/220044
Fax : 055/2337012 / Email : villaagape@suorestabilite.com

위　　치	미켈란젤로 광장 언덕에 있어 피렌체가 한눈에 보임. 16세기에 지어진 아름다운 수도원임
수용시설	30실 / 1인실, 2인실, 3인실. 방마다 화장실 딸림. 성당, 회의실, 정원 있음.
숙 박 비	요금은 정해져 있지 않음. 세끼 식사 제공.
통행금지	밤 10시 30분
찾아가는 길	산타 마리아 노벨라(Santa Maria Novella) 역에서 내려 12번 버스를 타고 산 미니아또 성당(San Miniato church) 전 정거장인 비알레 갈릴레오(Viale Galileo)에서 하차. 도보로 5-10분 거리에 있음.

Casa Madonna del Rosario

 Via Capodimondo, 44   50136 Florence (FI) Italy
Tel : 055/678169, 679621 / Email : info@madonnadelrosario.it
Fax : 055/677133 / www.madonnadelrosario.it

위　　치	캄포 디 마르테(Campo di Marte) 역과 가까움.
수용시설	57실 / 1인실, 2인실, 3인실. 방마다 싱크대와 화장실 딸림. 성당, 회의실, 엘리베이터 정원과 주차장 있음.
숙 박 비	조식 포함 1인실 : 45유로 / 2인실 : 75유로, 한끼 식사 추가 가능

찾아가는 길 산타 마리아 노벨라(Santa Maria Novella) 역에서 하차, 1번이나 17번 버스를 타고 두오모(Duomo)에서 내려 다시 6번 버스를 타고 비아 오베르단(Via Oberdan)에서 하차. 또는 산타 마리아 노벨라 역에서 캄포 디 마르테(Campo di Marte)로 가는 간선 열차로 갈아타고 캄포 디 마르테 역에서 하차.

Casa Santo Nome di Gesu

Piazza del Carmine, 21 50124 Florence (FI) Italy
Tel : 055/213856 / Fax : 055/281835
Email : info@fmmfirenze.it / www.fmmfirenze.it

위 치 피렌체 중심부인 카르미네 광장에 위치(이전에는 플로렌스 대학생을 위한 건물이었는데 학생수가 줄어들면서 일반 관광객을 위한 숙소가 됨).

수용시설 60실 / 1인실, 2인실, 3인실. 방마다 싱크대가 있음. 성당, 회의실, 정원이 있음.

숙 박 비 조식 포함 1인실 : 45-60유로(화장실 없는 방: 33-45유로) / 2인실 : 35-43유로 / 3인실 : 102유로 / 석식 : 15유로

통행금지 오후 11시 이후부터 오전 6시 15분.

찾아가는 길 산타 마리아 노벨라 역에서 내려 'D' 버스 또는 11번이나 6번, 혹은 36번 버스를 타고 카르미네 광장(Piazza del Carmine)에서 하차.

Villa I Cancelli

Villa I Cancelli   Via Incontri 21   50139 Florence (FI) Italy
Tel : 055/4226001 / Fax : 055/4226001, 055/4226037
Email : villa.i.cancelli@virgilio.it

위   치   피렌체 북쪽에 위치한 수도원으로 피렌체가 한눈에 내려다 보임. 15세기에 지어졌으며, 귀족적인 품위를 느낄 수 있는 수도원임.

수용시설   47실 / 1인실, 2인실. 방마다 화장실 딸림. 성당이 있으며 회의실과 정원이 있음.

숙 박 비   조식 포함 1인실 : 45유로 / 2인실 : 42-45유로 / 석식 : 15-20유로

찾아가는 길   산타마리아 노벨라 역에서 내려 14번 버스를 타고 달마지아 광장(Piazza Dalmazia)에서 하차. 다시 버스 40번을 타고 수도원 가까운 곳에 내림(길눈이 어두운 사람은 택시 이용).

피사(Pisa) - TUSCANY 주

Suore Immacolatine

Via Milazzo 159   56013 Marina di Pisa (PI) Italy
Tel : 050/36057 / Fax : 050/36625

위 치   피사(Pisa) 중심부에서 10킬로미터 떨어진 해안가 휴양지에 위치하고 있어서 시내 관광과 바닷가를 거닐기 좋은 위치.

수용시설   35실 / 1인실, 2인실. 화장실 딸림. 수도원은 작은 공원으로 둘러싸여 있음(독신남은 숙박 못함).

숙 박 비   조식 포함 : 30유로 / 세끼 식사 포함 : 40유로

찾아가는 길   피사 역에서 내려 역 근처의 산 안토니오 광장(Piazza Sant'Antonio)에서 마리나 디 피사/티레니아(Marina di Pisa/Tirrenia)에 가는 버스를 타고 사르데냐 광장(Piazza Sardegna)에서 하차.

시에나(Siena) - TUSCANY 주

Santuario de Santa Cataerina – Alma Domus

 Via Camporegio 37   53100 Siena (SI) Italy
Tel : 0577/44177 / Fax : 0577/47601

위 치 이 수도원은 원래 13-14세기에 지어진 궁전이었다고 함
수용시설 100실 / 1인실, 2인실, 3인실. 방마다 화장실과 에어컨 딸림.
성당, 회의실, 정원이 있음.
숙 박 비 1인실 : 42유로 / 2인실 : 60유로 / 조식 : 6유로, 석식 : 15-20유로
통행금지 밤 11시 30분
찾아가는 길 시에나 역에 내려서 산 도미니코(San Domenico)행 버스를 타고 산
도미니코에서 하차.
(피렌체나 로마에서 오는 사람은 기차보다 버스로 오는 편이 낫다.)

Casa Ritiri Santa Regina

Via Vignano 6   53100 Siena(SI) Italy
Tel : 0577/282329-221206 / Fax : 0577/220143

위 치 시에나 변두리 언덕에 위치. 15세기에 지은 아름다운 수도원임.
수용시설 50실 / 1인실, 2인실, 3인실. 방마다 화장실 딸림. 큰 정원으로 둘러
싸여 있고 성당이 있음.
숙 박 비 조식 포함 : 25유로 / (세끼) 식사 포함 : 50유로
찾아가는 길 시에나역에서 내려 도보나 택시 이용.

나폴리(Napoli) - CAMPANIA 주

Eremo del Santissimo Salvatore

Via del Eremo 87   80131 Camaldoli, Napoli(NA) Italy
Tel : 081/5872519, 081/5875807 / Fax : 081/5876819
Email : eremo.camaldoli@libero.it / www.brigidine.org

위 치	나폴리 북서쪽 카말돌리(Camaldoli)에 있는 산의 정상에 위치. 나폴리에서 피정하기 좋은 수도원으로 유명함.
수용시설	30실 / 화장실 딸림
숙 박 비	(세끼) 식사 포함 : 52유로
찾아가는 길	나폴리(Napoli Centrale) 역에서 내려 C40번 버스를 타고 카다렐리 병원(Ospedale Cardarelli)에서 하차 후 다시 C44번 버스를 타고 종점에서 하차.

카스텔라마레 스타비아(Castellammare di Stabia)
- CAMPANIA 주

Istituto Salesiano San Michele

Via Salario 12 80053 Castellammare di Stabia(NA) Italy
Tel : 081/8717114 / Email : cmareime@libero.it
Fax: 081/8715260 / www.salesiani-meridione.pcn.net

위　　치 　나폴리의 해안과 소렌토의 해안가 중간에 위치하고 있으며 바다가 보여 전망이 좋음. 관광지인 폼페이가 8km 거리에 있고, 소렌토가 가까워서 관광하기 적합함.

수용시설 　180실 / 1인실, 2인실, 3인실. 숙박비는 계절에 따라 약간 차이가 있음.

숙 박 비 　조식 포함 : 37유로 / 두끼 식사 : 44유로 / 세끼 식사 : 49유로

찾아가는 길 나폴리 역에서 내려 나폴리와 소렌토를 오가는 '베수비아나 선(Vesuviana)' 기차를 갈아타고 카스텔라마레(Castellammare) 역에 하차 후 도보로 10분 거리에 있음.

팔레르모(Palermo) - SICILY 주

Casa Diocesana "Oasi di Baida"

Piazza Baida 1   90136 Palermo (PA) Italy / Tel : 091/223893
Fax : 091/223893 / Email : casadiocesana@arcidiocesi.palermo.it
www.casadiocesana.arcidiocesi.palermo.it

위 치	시실리 섬의 팔레르모 도시가 한눈에 내려다보이는 언덕에 위치.
수용시설	45실 / 1인실과 2인실, 3인실. 화장실 딸림. 두 개의 성당, 회의실, 정원과 주차장이 있음.
숙 박 비	숙박 기간과 인원에 따라 다양함. 조식과 석식만 제공.
통행금지	밤 11시
찾아가는 길	팔레르모 역에서 내려 122번 버스를 타고 프린시페 캄포레알레 광장(Piazza Principe di Camporeale)에서 하차 후 462번 버스를 타고 바이다 광장(Piazza Baida)에서 하차.

예약 편지 쓰는 법

- 예약은 적어도 한달 전에 예약을 해야하며, 대부분의 수도원들이 이메일 보다는 Fax로 보내기를 원한다. 다음의 편지 서식으로 Fax나 E-mail을 보내면 도움이 된다. 영어와 이태리어 둘 다 보내는 것이 좋으며, 가능하면 빠를수록 좋다. 편지 서식에서 [   ]에 자세한 날짜, 숙박할 사람 수 등을 써서 보낸다. (이태리의 국가 번호는 39 이다.)

방 예약을 위한 기본 이태리어

요일(몇일, 몇 달의 이태리어는 영어와는 다르게 소문자로 쓴다)
월요일 – lunedi / 화요일 – martedi / 수요일 - mercoledi
목요일 – giovedi / 금요일 – venerdi
토요일 - sabato / 일요일 — domenica

Months
1월 – gennaio / 2월 – febbraio / 3월 – marzo / 4월 – aprile
5월 – maggio / 6월 – giugno / 7월 – luglio / 8월 – agosto
9월 – settembre / 10월 – ottobre
11월 – novembre / 12월 - dicembre

방에 관한 언어
1인실 - Camera singola / 더블(2인실) – Camera doppia
3인실 – Camera tripla / 4인실 – Camera quadrupla

화장실에 관한 언어
방에 딸린 화장실 – Bagno privato
공동 화장실 - Bagno in comune

English Version 예문

[날짜]

Padre Superiore
Monastero di Santa Croce del Corvo
Via Santa Croce 21
19030 Assisi(PG) Italy
Tel :   Fax :

Dear Padre Superiore:

We are a group of [숙박 인원 수] people and we would like to stay at your institution for [몇박] night from [언제부터(몇일/몇월/년도 순)] until [언제까지 몇일/몇월/년도 순)].

If possible, we would like to reserve [방 선택 two single room, two double room 등, with private bath].

Please contact us at the address below to let us know include the cost.

If it is possible, please respond in English.

Thank you for your kindness and courtesy. Best regards,

(Signature)

(이름, 주소)
Tel : 02(Seoul) XXX-XXXX Fax : 02(Seoul) XXX-XXXX
E mail :

Italian Version 예문

[날짜]

Padre Superiore
Monastero di Santa Croce del Corvo
Via Santa Croce 21
19030 Assisi(PG) Italy
Tel: Fax :

Egregio Padre Superiore::

Siamo un gruppo di [숙박 인원 수] persone, e desidereremmo alloggiare presso il vostro istituto per [몇박] notti dal giorno [언제부터(몇일/몇월/년도 순)] fino al giorno [언제까지 몇일/몇월/년도 순].

Se possibile vorremmo prenotare [방선택].

Vi preghiamo di contattarci all"indirizzo sotto riportato per farci sapere se cio sia possibile, riportando il costo del soggiorno e della caparra.

Vi invieremo un assegno non appena avremo la vostra risposta.

Se possibile, vi saremmo grati se rispondeste in inglese.

Vi ringraziamo anticipatamente della vostra cortesia. Distinti saluti.

(Signature)

(이름, 주소)
Tel : 02(Seoul) XXX-XXXX   Fax : 02(Seoul) XXX-XXXX
E mail :